상처받은
자존감의 치유

|임종천 지음|

상처받은 자존감의 치유

|임종천 지음|

소망

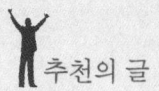 추천의 글

　이 책은 자존감에 상처를 입고, 그 고통의 굴레에서 벗어나고자 애쓰는 이들을 돕기 위해서 쓰였다. 보통 낮은 자존감은 역기능 가정에서 성장한 성인아이들에게서 발견되는 증상이다. 그러므로 이 책은 상처 입은 자존감의 치유뿐만 아니라, 성인아이 치유, 마음의 상처 치유에도 동일한 효력을 발휘할 것이다.

　완전한 가정은 없다. 모든 가정은 모두가 약간의 역기능적인 증상을 가지고 있다. 그래서 성인아이는 중독자가 있는 가정에서만 배출되는 것이 아니다. 그러므로 이 책은 남을 돕기 위한 것뿐만 아니라 자신을 치유하기 위해서도 모든 사람들이 읽어야 할 필독서이다.

　　　　　　　　　　　　　　　　　　　　　김정수 교수
　　　　　　　　　　　　　　　　　　　　　(성신여자사범대학교)

추천의 글

저자 임종천 목사님은 자존감에 상처를 입고 낮은 자존감으로 힘들어하는 이들을 실질적으로 돕기 위해서, 이 책을 이론적으로만 나열하지 않고 책을 읽는 이들이 자신에게 직접 적용하여 치유할 수 있도록 애를 썼다. 마음을 열고 기도하는 마음으로 읽으면 반드시 성령님의 도우심으로 치유함을 얻고 왕의 모습을 회복할 수 있을 것이다. 정말 임종천 목사님은 자상한 멘토처럼 당신을 잘 인도해 줄 것이다. 강력 추천한다. 꼭 읽어보시기 바란다.

조정환 박사
(국제사이버 평생교육원장, 국제디지털 대학교 객원교수)

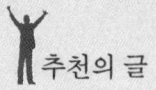
추천의 글

낮은 자존감은 마음의 질병이다. 그러므로 반드시 치유해야 할 질병이다. 낮은 자존감을 치유하지 않으면 다음과 같은 부작용이 나타난다.

첫째, 인생이 불행한 패배자로 살 수 있다. 하나님은 사람을 하나님의 형상으로 만들었으며 왕같이 존귀한 존재로 만들었다. 그런데 낮은 자존감을 가지고 있는 사람은 자신의 존귀한 모습을 보지 못한다. 이들은 다른 사람들은 다 나비인데 자신만 유독 벌레 같은 존재라고 생각한다. 이들의 자아상은 부정적이다. 이들은 자신과 세상을 검은색 안경을 쓰고 본다. 그래서 인생을 행복하게 즐기면서 살지 못하고 패배자로 살 확률이 높은 것이다.

둘째, 성공한 패배자가 될 수 있다. 성인아이들은 자신의 나약한 모습을 숨기기 위해서 여러 가면을 쓴다. 특히 완벽주의와 일중독의 가면을 쓴 사람들은 사회에서 높은 직책을 성취하는 소위 성공한 사람들이 된다. 그런데 문제는 겉모습은 성공한 사람이지만, 속사람은 상처받은 성인아이가 있다는 것이다. 이들의 성공은 마치 어린 아이에게 권총을 장난감으로 준 것과 같이 위험한 일이다. 이들은 상처받는 아이의 감정을 자신보다 약한 사람들을 향하여 무차별 난사를 할 가능성이 많다. 자신의 성공의 기반을 통하여 사람을 살리고 세우는 일을 하는 것이 아니라, 사람을 죽이고 복수하는 데 사용할 수 있기 때문이다. 이들을 '성공한 실패자'라고 부른다. 그러므로 낮은 자존감은 반드시 치료가 필요한 질병인 것이다.

셋째, 낮은 자존감을 가지고 있는 사람은 남에게 조종을 당하거나, 남을 조종하는 사람이 될 가능성이 높다. 낮은 자존감을 가지고 있는 사람은 자신의 판단을 믿지 못한다. 그래서 무엇인가 중요한 일을 결정할 때에도 다른 사람들의 생각이나 판단을 중요시 한다. 낮은 자존감을 가지고 있는 사람이 세상적으로 성공한 경우에는 자신의 뜻을 이루기 위해서 사람들을 조종하는 사람이 된다. 예를 들면 예수님을 십자가에 못 박아 죽이려고 했던 당시의 종교 지도자들과 이들에게 조종을 당하여 예수님을 십자가에 못 박아 죽이라고 외쳤던 이스라엘 백성들이다. 예수님 당시의 종교지도자들은 성공한 실패자들이다. 이들은 자신들보다 배경이 좋지 않은 예수님이 인기를 얻는 것이 못마땅했고 용서할 수 없었다. 그래서 자신들의 성공을 이용하여 군중들을 조종하였다. 군중들은 예수님의 선행과 능력을 체험했음에도 불구하고 자신들의 판단을 믿지 못하고 소위 성공한 이들(종교지도자들)에게 조종당하여 예수님을 살릴 수도 있음에도 불구하고 죽이라고 고래고래 소리쳤던 것이다. 지금 우리시대의 교회에서는 낮은 자존감을 가지고 있는 사람들이 목사가 되고 성도가 되어서 옛날의 그 만행을 그대로 재현하고 있는 경우가 많다. 참으로 두렵고 안타까운 일이다.

이렇듯 낮은 자존감은 치유하지 않으면, 자신을 죽일 뿐만 아니라, 하나님의 아들인 예수님도 죽이는 데 앞장을 설 수 있는 무서운 질병인 것이다. 하나님은 결코 당신이 남에게 조종당하는 나약한 사람이 되는 것을 원치 않으신다. 그렇다면 존귀한 모습을 회복하여서 '예'할 때 '예'하고, '아니오'할 때 '아니오'할 줄 아는 사람이 되어야 한다. 그러기 위해서는 이 책《상처 입은 자존감 치유》를 반드시 읽어야 한다.

민경배 박사
(장신대학교 총장 역임, 연세대학교 명예교수, 백석대학교 석좌교수)

 추천의 글

　자존감이 높은 사람들은 자신을 사랑하기 때문에 인생을 함부로 살지 않는다. 진실로 자신을 사랑하는 사람들은 성경에 나오는 '이웃을 자신처럼 사랑하라'는 말씀을 실천하기를 애쓴다. 이들은 다른 사람들에게 무례하게 대하거나 상처를 주지 않으려고 노력한다. 그래야 자신에게 좋은 피드백이 돌아오는 것을 알기 때문이다.
　그러나 자존감이 낮은 사람들은 자신을 사랑하지 않기 때문에 인생을 함부로 살 가능성이 많다. 낮은 자존감을 가지고 있는 사람들은 자신뿐만 아니라, 다른 사람들도 증오하는 경향이 짙기 때문에 잔인하고 무서운 범죄를 저지를 확률이 높다. 그래서 낮은 자존감은 반드시 치유하여야 할 질병인 것이다. 그래서 임종천 목사님께서 《상처 입은 자존감 치유》를 발간한다는 소식을 듣고 매우 기뻤다.
　나는 《상처 입은 자존감 치유》의 책을 읽기 전에, 임종천 목사님의 다른 저서 《자기양육》과 《부부 치유학》을 읽어봤다. 임종천 목사님의 글의 특징은 전문성의 깊이가 있으면서도 읽기 쉽고 감동이 있다는 것이다. 그리고 무엇보다도 틀에 박힌 앵무새 교육이 아닌, 깊은 사고의 흔적이 있다는 것이다. 그래서 임 목사님의 글을 읽으면 신선한 충격과 함께 틀에 박힌 편견이 치유 받는다.

오늘날 우리나라의 교육은 사고하여 새로운 창작품을 만들게 하는 것이 아니라, 주입식이고 암기식이기 때문에 사고의 깊이가 없으며 편견에 사로잡혀 있다. 그래서 배웠다고 하는 사람들도 너무나 쉽게 대중 언론에 조종당하고(조종당하고 있다는 사실 자체를 인식하지 못하는 경우가 많음) 세뇌당하는 경우가 많은 것이다.

당신이 참으로 인생을 행복하게 감사하면서 살고 싶고, 행복한 가정, 행복한 부부, 행복한 신앙생활을 하려면《상처 입은 자존감 치유》를 반드시 읽어야 할 것이다.

낮은 자존감은 인생의 암세포와 같고 나병과 같다. 겉으로는 이렇다 할 증상이 없는 것 같지만, 속으로는 생명을 고갈시키고, 손발이 썩고 떨어져나가도 감각조차 모르는 나병은, 낮은 자존감의 원인도 모르는 채 고통을 받고 있는 사람과 같다.

구약성경에 나오는 나아만 장군은 아람 왕 벤하닷의 군대장관이다. 그는 존경받는 유능한 군대장관이다. 그의 화려한 갑옷에는 번쩍번쩍 빛나는 훈장이 달려있고, 백성들에게 환호를 받고 있다. 그러나 그의 화려한 갑옷 뒤에는 치료하기 힘든 나병이 숨겨져 있는 것이다. 오늘날도 나아만 장군과 같은 사람들이 많다. 겉은 화려하지만 속은 상처받고, 외롭고, 나약한 어린아이가 눈물을 흘리며 흐느끼고 있는 것이다.

이제 그 어린아이를 위로하고 치료해서 성숙시켜야 한다. 그래야 겉과 속이 일치하는 인격적인 성인이 되며 당당한 왕이 되는 것이다.

당신이 진심으로 당당한 왕이 되기를 원한다면 임종천 목사님의 《상처 입은 자존감 치유》를 읽어라. 당신이 이 책을 덮을 때는 성령님의 임재와 함께 치유 받은 자기 자신을 발견하게 될 것이고 당당한 왕의 모습을 회복하게 될 것이다. 끝으로 임 목사님의 꿈과 비전인 〈무료 전인치유 센터〉가 속히 진행되기를 기도한다. 뜻있는 독지가들이 헌금과 기부를 하여서 〈무료 전인치유 센터〉가 완공되어 많은 상처받은 사람들이 편안하게 휴식을 취하면서 치유를 받고 건강한 사회인, 행복한 가정, 건강한 신앙생활을 하는 사람들로 거듭나는 곳이 되기를 축복한다.

정수화 교수
(백석대학교)

CONTENTS

* 추천의 글

　김정수 교수(성신여자사범대학교) /4

　조정환 박사(국제사이버 평생교육원장) /5

　민경배 박사(장신대학교 총장 역임, 연세대학교 명예교수, 백석대학교 석좌교수) /6

　정수화 교수(백석대학교) /9

1장 낮은 자존감의 원인 이해하기 /16

2장 건강한 가정과 역기능 가정의 특징 /42

3장 심리사회적 아동발달 단계(성장 과정별 단계) /66

　1. 태아기 /67

　2. 갓난아기기 /71

　3. 생후 6~18개월 /78

　4. 생후 18~24개월 /81

　5. 생후 24개월(만2살) /84

　6. 학령 전 아이(4세부터 7세까지) /88

　7. 학령기 아이(8세부터 13세까지) /90

　8. 청소년기 /104

4장 낮은 자존감의 치유단계 /110

　1. 낮은 자존감에서 비롯된 문제점을 인정하고 변화되기를 소원해야 한다. /110

2. 자신의 존귀함을 깨닫고 사랑해야 한다. /113
3. 성경의 진리를 믿어라. /126
   1) 성경은 당신이 느끼는 감정을 표현해도 좋다고 말씀하고 있다. /126
   2) 성경은 당신이 원하는 것을 원해도 괜찮다고 말씀하고 있다. /136
   3) 성경은 항상 진실을 말하라고 권하고 있다. /138
   4) 성경은 사람은 완벽하지 않다고 말하며, 또한 당신을 부끄럽게 생각하지 않는다고 말하고 있다. /140
   5) 성경은 일한 후에는 쉬라고 말씀하고 있다. /147
   6) 성경은 하나님이 당신을 사랑하시고 있다고 말씀하고 있다. /150
   7) 성경은 당신이 즐거워하며 즐겨도 좋다고 말하고 있다. /155

4. 부정적인 생각을 끊고, "만약~하였다면"을 "만약~하면"으로 바꾸라. /159
5. 용서하라. /179
6 내적치유 기도를 하라. /189
   1) 자신을 보호하는 기도를 한다. /189
   2) 성령님의 인도하심을 구하고 임재하심을 받아들여라. /190
   3) 상처받은 사건을 기억하고 당시의 그 상황으로 들어가라. /191
   4) 당시에 받았던 감정을 느끼고 표현하라. /194
   5) 당신에게 상처를 준 사람에게 이야기한다. /197
   6) 상처를 준 사람을 용서하고 떠나보내라. /198
   7) 그 사건에 함께 있었던 예수님을 찾아보라. /200
7. 알코올 중독자 치료를 위한 12단계를 적용하라. /205
8. 경계선을 확고히 설정하라. /214
9. 자기분화(self-differentiation)를 하라. /215
10. 가정에 견고한 진을 형성한 마귀를 쫓으라. /225
11. 심령을 성령님의 능력으로 채우고 말씀으로 자신을 축복하라. /232

* 참고문헌 /238

1장
The healing of bruised self-esteem

낮은 자존감의 원인 이해하기

1장 낮은 자존감의 원인 이해하기

사람은 자존감에 상처를 받고 치유를 받지 못하면 낮은 자존감이 고착된다. 이 낮은 자존감은 여러 가지 병적인 원인을 발생하게 하여 삶이 힘들고 역기능적인 결과를 초래하게 한다. 그러므로 상처받은 낮은 자존감은 반드시 치유해야 한다.

낮은 자존감이란 자신의 내면의 이미지(self image)인 자아상이 부정적으로 치우친 것을 말한다. 이는 깨진 거울로 자신을 보는 것과 같다. 이런 사람은 자신감도 결여되어서 세상에서 자신의 꿈을 성취하기가 매우 어렵다. 설사 세상적으로 성공을 하였다 하더라도 스스로 만족감을 느끼지 못하여 늘 욕구불만이 내재되어 있다.

진정한 자신감은 외면적인 자신감(Self-Competence)과 내면적인 자신감(Self-Confidence)이 같이 높아야 한다. 외면적인 자신감은 남보다 외모가 잘 생겼거나, 좋은 학벌과 가문, 재력, 높은 신분을 가졌을 때 생긴다. 그리고 내면적인 자신감은 자신에 대한 자긍심(自矜心)이 있을 때 생긴다.

자긍심이란 남과 경쟁하거나 비교해서 얻는 것이 아니고, 자신을 사랑하고 존중하는 데서부터 시작된다. 자긍심은 자신이 누구인지, 자신이 왜 살아야 하는지, 인생의 목적이 무엇인지를 철학적으로 신앙적으로 정립이 되었을 때 생겨나는 것이다. 그래서 자존감에 상처를 입고 자신에 대한 자긍심이 망가졌을 때는 인생을 비관적으로 살 가능성이 많은 것이다. 자신의 삶을 긍정적인 시각으로 볼 때에 성공할 확률이 높다. 2006년 8월호 「월간중앙」의 조사가 이를 증명해 주고 있다.

조사에 의하면 외면적인 자신감이 높은 사람들이 그렇지 못한 사람들보다 긍정적이고 자신감이 높으며 소득도 높다고 나왔다. 물론 치유되지 않은 낮은 자존감을 가지고 있는 사람들이 외면적 자신감으로 위장했을 때 많은 부작용을 낳을 수 있다. 외면적 자신감은 남과 비교되는 경쟁적인 요소들이라 상대적으로 열등감을 느낄 수 있다. 우리나라 최고의 수재들이 모인 카이스트의 학생들의 잇따른 자살사건들이 이를 증명하고 있다.

내적 자존감이 상처받은 상태에서 성공한 사람들은 내면의 불안감과 허전함을 숨기려고 오만불손, 허풍, 가식 등으로 자신을 위장할 수 있다. 내면에 철학적, 종교적인 안정감이 없고 세상적으로만 성공한 사람들은, 자신이 가진 지위를 남용하거나 남들이 보이지 않는 곳에서는 육적인 욕구를 과도하게 채우려고 하는 경향이 있다. 2011년 4월 22일 뉴스 시간에 현직 판사가 전철 안에서 20대 여자를 성추행하다가 현장에서 체포된 사건을 보도하였다. 외적인 자신감은 있지만 내적인 자존감이 심히 훼손된 전형적인 예라 볼 수 있다.

상처 입은 자존감의 소유자들은 최고의 성공의 자리에 오른다고 해도, 언제 그 아성이 무너질지 모르는 모래성과 같다. 보통 이들은 성중독(sexual addiction) 성향을 보인다. 이들은 자신의 성공으로 얻게 된 권위로 교묘한 방법으로 자신의 상처를 드러낸다. 대표적인 인물은 세간의 입에 오르내린 도미니크 스트로스칸 국제통화기금(IMF) 전 총재이다. 그는 미국의 한 호텔에서 호텔청소를 맡고 있는 한 여성을 성폭행하려고 하다가 체포당했다. 이로 인해서 그는 국제적으로 망신을 당했고 프랑스의 차기 대통령 자리뿐만 아니라, IMF 총재 자리도 잃고 말았다.

스트로스칸의 병적인 성중독 증세는 이번 한 번만 어쩌다가 실수로 벌어진 사건이 아니다. 앵커 출신 작가 트리스탄 바농은 2007년 2월 한 TV프로그램에 출연하여 스트로스칸이 자신을 성폭행하려고 시도했던 사실을 폭로했다. 바농은 자신이 22세 때(2002년) 인터뷰를 하려고 스트로스칸을 만났는데 그때 그는 "발정난 침팬지"처럼 자신에게 덤벼들었다고 주장했다. 이 외에도 스트로스칸은 피로스카 나기 IMF 연구원, 에밀리 비혜 IMF 직원, 프랑스의 유명 극작가 야스미나 레자 등 수많은 여성과 스캔들이 있었다.

스트로스칸과 같은 사람들은 권위자의 지위를 적절히 사용하여 힘없는 여성들을 범죄의 대상으로 삼는다. 이를 권위자 강간(authority rape)이라고 한다. 권위자 강간은 가해자가 힘과 지식이 있고 피해자가 가해자를 성스러운 존재로 믿을 때 발생한다. 성장기의 상처 입은 자존감을 치유하지 않은 채 성공의 가면을 쓰면 누구나가 권위자 강간의 죄를 범할 수 있다. 그 가면이 아무리 성직자의 가면이라고 해도 말이다.

성중독자들은 보통 낮은 자존감을 가지고 있다. 그러나 주위 사람들은 그들이 낮은 자존감을 가지고 있는지 꿈에도 눈치채지 못하는 경우가 많다. 그 이유는 성중독자들은 자신을 다른 사람들에게 거룩하고 완벽하게 보이기 위해서 엄청나게 노력하기 때문이다. 어떤 성중독자들은 종종 순교자 역할(martyr role)을 하기도 하고, 실질적으로 성직자가 되기도 한다.

껄끄럽기 때문에 우리나라 신부나 목사보다는 미국의 목사 한 분을 예로 들겠다. 마크 레이저(Mark Laaser) 목사는 국제 예수전도단의 중독상담학교의 강사이다. 그는 그의 책 《아무도 말하지 않은 죄》에서 자신이 어떻게 성중독에서 치료를 받았는지 고백하면서 자신과 같이 성중독에 빠져서 고통스러워하는 이들을 돕는 사역을 하고 있다. 마크 레이저는 '성령의 은사로 충만한' 대형교회의 목사였으며 뛰어난 설교자였다. 그리고 그는 지극히 가정적인 남편이었다. 그런데 그는 이중적인 생활을 하고 있었다. 그는 이성과의 성관계를 넘어서 동성 간의 성관계를 갖곤 했다. 그는 공원에 넋 나간 사람처럼 나가서, 이름도 모르는 남자들과 성관계를 가졌다. 그러한 관계를 맺고 나면 그의 마음은 더 공허해지고 좌절감과 두려움이 엄습했다. 그는 자신이 '소돔과 고모라의 죄'를 짓고 있음을 알고 있었다. 그래서 그는 범죄적인 습성을 고치려고 금식기도도 해보고 성경을 더 미친 듯이 읽고 암송도 해보았지만 아무런 효과를 보지 못했다. 그는 자신의 은밀한 죄가 들통이 나서 하루아침에 명성, 직업, 경력, 그리고 아내와 자식들을 모두 잃게 될 것을 불안해하며 두려워했다.

그러나 감사하게도 그는 자신의 성중독 행위는 어린 시절의 상처로 인해서 치유 받지 못한 낮은 자존감이 원인임을 깨닫고 전문적인 치유를 받았다. 그래서 지금은 자신과 같이 성인아이의 경향을 가지고 있는 사람들을 치유하는 치유자가 될 수 있었던 것이다.

마크 레이저처럼 성장기의 상처로 인해서 낮은 자존감이 내면화되고 성인아이의 기질이 있는 사람은 상처 입은 자존감을 치유하지 않으면 결코 중독의 늪에서 벗어날 수 없다. 성중독자들은 사회적인 영향 탓도 있지만, 보통 성장기에 건강한 접촉을 경험해 보지 못했기 때문에 사랑과 성(sex)을 동일시한다. 그래서 충족되지 못한 애정결핍증을 해결하려고 목마른 사슴이 시냇물을 갈급하듯이 헤매는 것이다. 얼마나 많은 사람들이 사회적인 성공에도 불구하고 성적인 문제로 정상의 자리에서 날개도 없이 추락하여 꿈을 접는 경우가 많은가?

미국의 전 대통령이었던 빌 클린턴은 재임 당시 백악관 인턴이었던 모니카 르윈스키와의 성적인 스캔들이 있었고, 이탈리아 총리였던 실비오 베를루스코니는 미성년 댄서와의 스캔들이 있었다. 이들 외에도 대권의 꿈을 잃어버린, 게리 하트, 존 에드워즈, 뉴트 깅그리치, 영국의 국방장관, 타이거 우즈, 아놀드 슈워제네거 등이 있다.

이들 모두는 섹스 스캔들로 하루아침에 명성을 잃고 정상의 자리에서 추락했다. 이렇듯 성장기에 받은 상처로 인해서 낮은 자존감이 내면에 숨겨지면 나중에 성인이 되고 성공한 사람이 되어서도 무서운 후유증으로 나타나는 것이다. 그래서 상처받은 자존감은 반드시 치유되어야 하는 것이다.

낮은 자존감이 만들어진 원인은 외모, 질병, 잦은 실패, 학대, 역기능가족 출신 등등으로 분류할 수 있을 것이다. 어떤 사람들은 환경과 외모가 부족함에도 불구하고 높은 자존감을 가지고 있는 것으로 볼 때, 낮은 자존감의 가장 큰 원인은 역기능 가정의 왜곡된 양육과 자신의 가치를 인식하지 못하거나 발견하지 못한 데에 기인한다고 볼 수 있다. 그래서 나는 이 책에서 자존감에 상처를 받은 사람들이 성경적인 조명으로 자신을 보게 함으로써, 자신의 존귀한 가치를 찾고 왕의 모습을 회복하도록 힘을 기울일 것이다.

보통 상처받은 낮은 자존감을 가지고 있는 사람들은 자신의 내면에 있는 자아상을 다음과 같이 생각한다.

* 못생기고 한심한 놈
* 캄캄한 구석에 혼자 쪼그리고 있는 외톨이 놈
* 무서워서 벌벌 떠는 약해빠진 불쌍한 놈
* 무엇하나 제대로 하지 못하는 한심한 놈
* 자기 주관도 없이, 다른 사람들의 눈치만 살피는 놈
* 더럽고 넝마 같은 옷을 입고 있는 놈
* 지저분한 손가락을 입에 넣고 빨고 있는 놈
* 항상 자기를 숨기기에 급급한 놈
* 사람들에게 재수 없는 일이 일어나게 하는 놈
* 냉혈동물 같이 차갑고 기분 나쁜 놈
* 어쩌다가 재수 없이 태어난 놈

자존감에 상처를 받은 사람들은 위와 같은 자기 이미지를 내면 깊이 간직하고 있다. 때문에 낮은 자존감을 가지고 있는 사람들은 삶을 긍정적으로 보며 행복하게 사는 것을 어려워한다. 자존감의 상처가 깊을수록 자신을 사랑하지 못하고 내면의 갈등이 그치지 않는다.

낮은 자존감은 자신의 가치를 발견하지도 못하고, 만약에 자신의 가치를 발견하더라도 최대한 발휘하지 못해서 불행하게 살 확률이 높다.

또한 낮은 자존감을 가지고 있는 사람은 사람들을 편파적으로 구분해서 마음에 수많은 적을 만들어 내며, 사람을 정직하게 보지 못하고 자기 마음대로 구분해서, 판단하고 증오하는 무서운 병을 만들어내기도 한다. 그리고 무엇보다도 낮은 자존감을 가지고 있으면 배우자 선택에도 문제가 있고, 결혼을 해도 배우자와 정상적인 정서적, 육체적 연합을 이루는 어려움을 느껴 불행한 결혼 생활을 할 수도 있다. 그러므로 상처받은 자존감은 반드시 치유해야만 한다.

당신의 어린 시절의 모습은 어떤 모습이었는가? 숨기지 말고 자신의 숨겨진 모습을 정확하게 보라. 그리고 하나님에게 자신의 생각을 말씀드리면서 현재의 자아상을 갖도록 한 대상이나 교훈, 그리고 사건은 어떤 것이었는지 생각해 보라. 그 이유는 당신이 가진 생각은 우연히 만들어진 것이 아니기 때문이다. 물론 자신의 자아상은 자기 자신이 만든다. 그러나 그 소재는 주위의 사람들과 환경이 제공하는 것이다.

특히 부모와의 관계는 자아상이 만들어지기 전에 이루어지는 것이기 때문에 부모가 아이를 대하는 태도와 감정은 곧 아이가 자신을 대하는 태도와 감정으로 연결된다.

낮은 자존감을 가지고 있는 사람들의 공통적 감정과 행동들은 성인아이들이 가지고 있는 감정과 행동들이 동일하게 나타난다.

성인아이는 해소되지 않은 어린 시절의 문제를 성인이 된 지금도 아직 처리하고 있는 성인을 말한다. 성인아이는 꼭 중독자(알코올, 도박, 섹스, 폭력, 도벽 등)의 자녀만을 말하는 것이 아니다.

자신이 성인아이인지 아닌지는 다음과 같은 성인아이들이 직면하는 문제들에 대해서 살펴보면 알 수 있을 것이다. 성인아이의 특징은 다음과 같다.

첫째, 억압된 분노가 있다.

억압된 분노는 낮은 자존감을 가지고 있는 성인아이의 여러 가지 문제들의 주된 근원이다. 보통 역기능 가정에서 성장한 자녀들은 적절하게 감정을 표현할 수 없기 때문에 자신들을 보호할 목적으로 분노를 억압하거나 아니면 부적절하게 표현한다.

분노를 부적절하게 표현하는 것은 자신뿐만 아니라 다른 사람과의 관계를 악화시킨다. 그리고 분노를 억압할 경우에는 심각한 원한이나 우울증으로 발전하며 또한 자기연민, 슬픔, 질투, 스트레스, 불안, 심각한 신체적 질병을 유발하는 원인이 된다.

이런 다양한 역기능적인 증상에서 벗어나려면 먼저 분노를 적절히 표현하는 법을 배워야 한다. 분노를 적절하게 표현하는 법을 배우면 타인들에 대한 분노는 물론 자신들의 적대감까지 더 잘 다룰 수 있게 된다.

둘째, 수치심을 느낄 때가 많다.

죄책감과 수치심은 사람에게 매우 중요한 감정들이다. 죄책감은 내가 잘못한 행동에 대한 뉘우치는 감정이다. 반면에 수치심은 자기 존재 자체가 잘못됐다고 느끼는 잘못된 감정이다. 그런데 성인아이는 특별한 이유도 없이 자신에 대해서 수치심을 가진다.

특히 학대의 희생자들은 수치로 점철된 정체감을 가지며 자신을 완전히 무가치하게 느낀다. 남들이 보기에는 똑똑하고 예의바르고 성공한 사람으로 보이는데 막상 당사자는 자기 자신을 다음과 같이 생각한다.

"나는 무엇인가 부족해. 나는 다른 사람과 달라. 다른 사람들은 내가 가지지 못한 것들이 있어. 나는 불완전하고 부적합해. 만약에 그들이 내가 어떤 사람인지 알면 나를 경멸하고 떠날 거야."

이런 수치심에 기반을 둔 정체감을 가지고 있는 사람은 자신을 숨기기 위해서 완전주의 가면을 쓰며 언젠가는 자신의 정체가 밝혀질 것이 두려워 늘 불안한 심정으로 산다.

보통 수치심에 기반을 둔 정체감은 어린 시절에 형성된다. 두려워하거나, 화를 내거나, 울 때마다 부모가 야단을 쳤다면 아이들은 성인이 되어서도 똑같은 감정을 느낄 때마다 수치심을 느끼게 된다. 이런 수치감을 치유하기 위해서는 그의 가족배경을 세밀하게 조사해야 한다.

개인상담 치료도 효과적이지만, 집단치료(group therapy)도 매우 효과적이다. 집단치료의 장점은 다른 중독자들이 학대를 어떻게 다루어 나가는지 지켜보면서 자신이 받은 학대를 깨닫게 된다는 것이다. 또한 다른 사람들이 학대를 받아들이고 다루어 가는 모습을 보면서, 안도감을 느끼고 억압된 기억을 의식의 표면으로 끄집어 낼 수 있는 것이다.

보통 학대의 기억을 기억해 내고 그것을 처리하는 데는 2년 정도 걸린다. 폭력적인 학대는 대개 깊이 억압되기 때문에 더 많은 시간이 걸리기도 한다.

셋째, 인정받고자 하는 욕구가 강하면서 막상 인정의 말을 받아들이지 못한다.

역기능 가정에서 성장한 자녀들은 인정을 받고 칭찬을 들을 만한 그런 상황에서도 인정과 칭찬을 듣지 못하는 경우가 흔하다. 이들은 인정을 받지 못한 갈증 때문에 성인이 된 후에도 끊임없이 다른 사람들로부터 인정받는 것을 추구한다. 그렇지만, 이 인정받고자 하는 욕구는 자신의 생활양식과 다른 사람들의 욕구를 생각하는 방식에 심각한 영향을 끼친다.

인정받고자 하는 욕구는 자기 자신의 욕구나 바람, 감정이나 필요를 발견하지 못하게 한다. 또한 자신에게 해가 될 그럴 일도 다른 사람에게 상처를 주지 않기 위해서 종종 잘못된 관계를 맺게 된다. 이 외에도 다른 사람들에게 인정받고자 하는 욕구를 지니게 되면 다음과 같은 감정들을 가지게 될 수 있다. 자신은 가치가 없다는 감정, 비난을 두려워함, 실패를 두려워함, 자존감의 결여 등을 가질 수 있다.

또한 이들은 인정받고 싶어하면서 막상 상대편이 자신을 칭찬하면 어색해 한다. 자신이 듣지 않아야 할 말을 들은 것처럼 느껴져서 어색해 하는 것이다. 그리고 상대가 자신을 진심으로 인정해 주는 것이 아니라, 듣기 좋으라고 빈말로 하는 것이라고 받아들이는 경향이 있다.

이런 잘못된 인정받고자 하는 욕구에서 벗어나려면 사람보다는 하나님에게 인정받고자 하는 믿음을 가져야 한다. 하나님의 사랑과 인정은 내가 노력해서 얻는 것이 아니다. 당신은 오직 예수님께서 당신을 위해서 십자가에서 당신의 죄를 대신해서 죽으셨음을 믿고 예수님을 구주로 영접만 하면 된다. 그러면 당신이 허물이 있고 죄가 있다고 해도 하나님은 당신을 용서하시고 의로 여기실 것이다. 로마서 4장 4-5절에 다음과 같이 기록하고 있다.

"일하는 자에게는 그 삯이 은혜로 여겨지지 아니하고 보수로 여겨지거니와 일을 아니할지라도 경건하지 아니한 자를 의롭다 하시는 이를 믿는 자에게는 그의 믿음을 의로 여기시나니"

위의 말씀대로 하나님께 인정받는 것은 당신의 노력으로 인해 얻어지는 것이 아니다. 하나님의 사랑 또한 마찬가지다. 로마서 5장 8절에는 다음과 같은 하나님의 말씀이 기록되어 있다.

"우리가 아직 죄인 되었을 때에 그리스도께서 우리를 위하여 죽으심으로 하나님께서 우리에 대한 자기의 사랑을 확증하셨느니라"

당신이 위의 말씀을 받아들이게 되면 당신은 다른 사람과의 관계에서 자유함을 얻을 수 있게 된다. 그래서 다른 사람에게 인정받기 위해서 그들을 조종하기보다는 당신의 필요를 구하는 법을 배우고, 또한 충고와 칭찬을 왜곡 없이 받아들이게 된다.

그리고 진리에서 어긋나거나 잘못된 것에는 단호하게 '아니오'라고 말하게 되고, 옳고 정당한 것에는 "예"라고 말할 수 있는 사람이 되는 것이다. 다른 사람에게서 적절하지 못한 인정받고자 하는 욕구에서 자유함을 얻게 되면 자신의 욕구의 중요성도 인식하게 되며, 자신에게 충실하게 된다. 또한 자신의 감정에 진실해지고, 다른 사람들과 서로 신뢰를 형성하게 된다.

넷째, 다른 사람을 지나치게 돌보거나 문제에 책임을 진다.
역기능 가정에서 성장한 자녀들은 부모들이 자녀들의 정서적, 육체적 필요를 채워주지 못하기 때문에 아이가 스스로 자신의 문제를 해결하거나, 자신의 능력으로는 감당하기 벅찬 문제들을 자신의 책임으로 생각하고 해결을 위해 힘겨운 노력을 하는 경우가 있었다. 그래서 이들은 '작은 어른'이라는 칭찬을 듣기는 했지만, 정상적인 아동기를 갖지 못한 상실감이 있다.

다른 사람을 돌보는 사람은 자신은 남을 위해서 헌신하면서 자신은 받을 줄 모른다는 것이다. 그리고 자기 자신은 돌보지 못하는 경향이 있다. 이것은 그들을 돌보는 법을 가르쳐 준 모델이 없었기 때문이다.

남을 위해서 헌신하는 삶을 사는 것은 아름다운 것이다. 그러나 상대로 하여금 자신을 절대적으로 필요하게 만든다거나, 지나치게 충고하거나 보호하는 것은 잘못된 것이다. 병적으로 남을 돌보는 사람은 자신의 정체성은 상실하고 상호의존적이 된다. 또한 남을 돌보면서도 죄책감이나 부자연스러움을 느낀다.

낮은 자존감에서 회복되려면 이런 병적인 돌보는 사람에서 벗어나야 한다. 우리는 그 누구도 다른 사람을 완벽하게 보호하거나 지켜주거나 그들의 필요를 다 채워줄 수 없다. 남을 진짜 도와주는 방법은 그들 스스로가 자립할 수 있도록 안내하는 것이다. 또한 무엇보다도 그들이 사람을 의지하는 것이 아니라, 절대자이신 하나님을 의지하도록 도와주는 것이다. 병적으로 남을 돌보는 일을 멈추기를 원하면 다음의 규칙을 따르면 된다.

* 다른 사람을 구하고 충고하는 것을 그만둔다.
* 자신의 정체성과 흥미를 계발한다.
* 자신을 돌본다.
* 도움에 대한 한계를 설정한다.
* 의존적인 관계를 인식한다.
* 사건과 사람을 지나치게 통제하지 않는다.

역기능 가정의 자녀들은 그들의 삶 속에서 발생하는 사건들이나 환경을 거의 또는 전혀 통제하지 못한다. 이와는 반대로 지나치게 통제된 가정에서 성장한 가정에서 성장한 경우도 있다. 통제가 전혀 없거나 너무 심한 가정에서 성장한 아이들은 성인이 되어서도 안전과 예측에 대해서 이상할 정도로 욕구를 지니고 있고, 자신의 감정과 행동은 물론 다른 사람들까지 통제하려고 하는 경향이 있다. 그들은 자신이 통제의 역할을 포기하면 모든 것이 악화될 것이라고 두려워하며, 또 누군가 통제를 거부하면 자신의 권위가 위협을 받고 있다고 생각하여 스트레스를 받고 불안해한다.

지나치게 통제를 하는 사람은 변화에 대한 과도한 반응을 보이며, 비판적이 되거나 엄격해지는 경향이 있다. 또한 이들은 다른 사람을 통제하기 위해서 조종하려고 하고, 인내하지 못하며, 신뢰하지 못하고, 실패에 대한 두려움이 있다.

　낮은 자존감과 성인 아이의 특성인 통제에서 벗어나려면 자신이 시도한 통제들이 전혀 효력이 없었음을 인정해야 한다. 다른 사람들은 당신이 통제하려고 했음에도 불구하고 그들 자신의 방법이나 상황에 따라 일을 처리하였다. 그러므로 당신이 통제하려고 하지 말고, 하나님께 맡기는 것이 안전하다는 것을 인정해야 한다. 그러면 당신은 변화를 수용하게 되고, 다른 사람들에게 권한을 부여함으로 스트레스를 덜 받게 될 것이다. 그리고 자신과 다른 사람을 있는 그대로 받아들이게 되고 신뢰감을 회복할 수 있을 것이다. 그리고 무엇보다 즐거움을 가질 수 있는 방법들을 발견하게 될 것이다.

　다섯째, 사람들과 친밀한 관계를 맺지 못한다.
　성인아이는 의외로 많은 사람들과 알고 지내고, 상당히 활달하고 사교적인 사람일 수도 있다. 그런데도 불구하고 그들은 개인적으로 사람을 깊이 사귀는 것을 어려워한다. 그에게는 속마음을 털어놓을 친구가 없다. 심지어 배우자와 관계에서도 마음을 털어놓지 못하는 경우가 있다.

　여섯째, 버림받음에 대한 두려움이 있다.
　버림받음에 대한 두려움은 어린 시절에 겪은 부모들의 정서적 또는 신체적 상실에 대한 무의식적인 반사작용이다. 역기능 가정의 자녀들은 정서적으로 불안한 부모나 다른 어른들의 예측 불가능한 행동을 체험했었다. 그래서 항상 마음이 불안하고 초조하였다. 그 불안한 마음에는 부모님이 떠나든지 아니면 자신을 버리면 어떡하나 하는 마음이 있었다.

이런 사람은 성인이 된 후에 배우자를 선택할 때에도 잘못 입력된 정서적 프로그램을 따를 위험이 있다. 이는 어린 시절에 완수하지 못한 '미해결 과제'를 이뤄내려고 하는 욕구 때문이다.

버림받음에 대한 두려움의 부작용은 불안을 느끼고, 지나치게 걱정하고, 다른 사람을 기쁘게 하려는 사람이 되고, 자신의 생각을 주장할 때 죄책감을 느끼고, 혼자 있는 것을 불안해하고, 상호 의존적이 되는 것이다.

이런 것에서 회복되기 위해서는 사람을 의지하는 것보다는 영원한 사랑을 베푸시는 하나님을 의지하는 법을 배워야 한다. 하나님은 당신을 결코 버리거나 떠나시지 않으신다고 약속하셨다.

"네 하나님 여호와는 자비하신 하나님이심이라 그가 너를 버리지 아니하시며 너를 멸하지 아니하시며 네 조상들에게 맹세하신 언약을 잊지 아니하시리라"(신 4:31).

예수님도 당신을 위해서 십자가에서 죽으시고 부활하셔서 다시 하늘나라에 올라가시면서 다음과 같이 약속하셨다.

"볼지어다 내가 세상 끝날까지 너희와 항상 함께 있으리라 하시니라"(마 28:20).

부활승천하신 예수님은 지금 성령님으로 당신과 함께 계신다. 이것을 당신이 받아들이는 순간 사람들에게 버림받는 것에 대한 두려움에서 해방될 것이다. 그러면 당신 자신에 대한 감정을 솔직하게 표현하는 사람이 될 것이다. 또한 혼자 있어도 불안하지 않고 편안함을 느낄 것이다. 그리고 다른 사람과의 관계에서 일어나는 문제에 대해서 말을 할 수 있고, 당신의 욕구도 고려하게 될 것이다.

일곱째, 일중독과 완벽주의 성향이 있다.

성인아이는 노력을 안 하는 것이 아니라 너무 노력을 많이 하는데 문제가 있다. 이들은 쉬는 것을 죄악시 한다. 그래서 일중독에 걸리는 경향이 있다. 또한 일을 하되 누구에게도 비난을 소리를 듣지 않기 위해서 완벽하게 하려고 하는 경향이 있다. 이들은 일을 완벽하게 해서 자신의 부족함이나 수치심을 감추려고 한다. 그래서 완벽주의 가면을 쓰는 것이다.

이들은 일중독으로 인해서 사회적으로 성공한 사람이 되는 경우가 많다. 그런데도 불구하고 이들은 자신에 대한 만족이 없으며, 사람들이 자신의 숨겨진 진짜 모습을 알게 되면 자신을 떠날 것이라고 생각한다. 이들은 마치 자신을 나비들만 있는 세상에 벌레와 같다고 생각하는 경향이 있다.

여덟째, 권위자에 대한 두려움이 있다.

부모가 자녀에게 능력 이상의 비현실적인 기대를 하는 경우에 자녀들은 권위를 가진 사람들에 대한 두려움을 가질 수 있다. 부모님들의 판단, 비판, 비난적인 양식과 일관되지 못한 분노는 자녀들이 다른 사람들을 대하는 태도에 영향을 미친다.

권위자에 대한 두려움을 갖게 되면 다음과 같은 행동을 보일 수 있다. 〈거절이나 비판에 두려워함. 자신을 다른 사람들과 비교함. 사물들을 개인적으로 받아들임. 행동보다 자신이 옳다는 것을 주장함. 감추기 위해서 거만해짐. 자신이 부적절하거나 쓸모없다고 느낌. 다른 사람들이 어떤 주장을 하면 자신을 통제하려고 한다고 오해를 하고 과민반응을 보이며 화를 냄. 권위 있는 사람이 자신에게 비현실적인 기대를 갖고 있는 것으로 생각하고 그들의 기대에 부응할 수 없음을 두려워함.〉

권위자에 대한 두려움에서 벗어나려면 예수님의 말씀을 따르면 된다. 예수님은 우리가 진짜 두려워할 분은 사람이 아니라 하나님이시라고 말씀하셨다. 주님은 누가복음 12장 4-5절에서 다음과 같이 말씀하셨다.

"내가 내 친구 너희에게 말하노니 몸을 죽이고 그 후에는 능히 더 못하는 자들을 두려워하지 말라 마땅히 두려워할 자를 내가 너희에게 보이리니 곧 죽인 후에 또한 지옥에 던져 넣는 권세 있는 그를 두려워하라 내가 참으로 너희에게 이르노니 그를 두려워하라"

아무리 사회적으로 성공한 사람이라고 해도 그들도 사람이다. 그들도 당신처럼 유혹에 약하고, 불안해하고, 변명하고, 두려워한다. 예수님 말씀처럼 당신이 정말로 두려워할 분은 하나님 한 분뿐이다. 이제부터는 그 어떤 사람 앞에서도 두려움을 갖지 말고 편안한 마음을 가져라. 그러면 그 누가 당신을 비판할 때에도 보다 긍정적인 시각에서 받아들이고 또 그것으로 인해서 배우고 깨닫게 되는 시각을 얻을 수 있을 것이다.

당신이 권위 있는 인물에 대해서 편안한 자세를 취하게 되면 권위 있는 사람들과의 부담없는 상호작용을 할 뿐만 아니라, 당신의 주장을 적절하게 표현할 수 있게 될 것이다. 그로 인해서 자존감은 높아지고 점점 언행에서 자신감을 갖게 될 것이다.

아홉째, 이유 없이 공포감을 자주 느낀다.

역기능 가정은 언제 어떤 사건이 터질지 알 수가 없다. 정서적으로 불안한 부모님의 행동은 늘 예측불허다. 이러한 위기감은 자녀들에게 두려움과 불안을 안겨 준다. 이런 불안감을 안고 성장한 사람은 성인이 되어서 만성적인 불안이나 두려움을 느낀다. 또한 이들은 일을 진행함에 있어서 실패에 대한 두려움뿐만 아니라 성공에 대한 두려움도 있다. 일이 순탄하게 풀리면 "나는 재수 없는 사람이라 성공할 리가 없는데 언젠가는 다 사라질 거야."등의 부정적인 불안에 시달리는 경향이 있다.

열 번째, 자신의 감정을 알지 못한다.

하나님은 인간에게 희로애락을 느낄 수 있는 감정을 주셨다. 인간은 이런 감정이 있기 때문에 풍요롭게 살 수 있는 것이다. 때로는 이 감정은 자신을 보호할 수 있는 방어기제가 되기도 한다. 그래서 감정을 적당한 때에 적절하게 표현하는 것은 아주 중요하다.

그런데 성인아이는 자신이 지금 어떤 감정을 느끼는지, 무엇을 느끼고 있는지 알지를 못한다. 이들은 자신의 감정에 대해서 혼란스러워하거나 감정적으로 마비된 상태에 있다.

이렇게 감정이 마비된 원인은 그들의 성장과정에 있다. 역기능 가정에서 성장한 사람들은 어릴 적에 인정을 받지 못하고, 거절을 당하고 적절한 사랑을 받지 못했다. 그로 인해서 분노의 감정이 생겨도 그 분노를 표출하면 오히려 더 무서운 비난이 돌아오기 때문에 자연히 자신의 감정을 억누르거나 숨기는 법을 배운다.

아이들은 마음속에 고통, 수치심, 고통, 분노의 감정을 쌓아 두고 성인이 된다. 이들은 자신의 마음속에 이런 억압된 감정이 있음을 의식하지 못한다. 그러나 그런 억압된 감정들은 여러 가지 부작용을 낳기도 한다. 그 중에 하나가 자신의 감정을 마비시키는 것이다.

이들이 인생과 감정에 반응하는 방법은 자신들이 실제로 느끼는 바의 실체로부터 스스로를 보호하기 위해서 왜곡시킨다. 억압되고 왜곡된 감정들은 분노, 원한, 우울증, 다른 사람과 관계가 깊지 못하고 원만하지 못함, 그리고 신체적으로도 여러 가지 질병에 시달릴 수 있다.

감정의 마비로 인한 잘못된 증상에서 회복되려면 자기 자신에게 (특히 상처 입은 과거의 어린 자신에게) 감정을 솔직하게 표현하는 것은 잘못된 것이 아니라는 것을 설득해야 한다. 내면아이 치유와 양육법은 나의 책《왕의 모습을 회복하라》에서 자세히 설명하였다. 그 책을 참고하면 많은 도움을 얻을 수 있을 것이다.

마비된 감정에서 회복되면 자신의 감정을 거짓 없이 솔직하게 표현하게 되고, 자신의 진정한 자아를 발견하게 된다. 또한 다른 사람의 욕구만 들어주는 것이 아니라, 자신의 욕구도 자연스럽게 표현하면서 사람들과 친밀감을 만들어갈 수 있게 된다.

열한 번째, 자신을 고립시킨다.

상처 입은 아이들은 보통 자신에게 불편한 상황을 만나게 되면 그런 상황에서 물러나는 것이 안전하다고 생각한다. 스스로 고립시킴으로써 다른 사람이 자신의 실제 모습을 보지 못하게 만드는 것이다. 이런 아이가 성인이 되면 어디를 가나 자신의 모습을 숨기는 사람이 된다. 그래서 그와 같이 있었던 사람도 그가 그곳에 있었는지조차 알지 못하는 경우가 있다.

열두 번째, 지나친 책임감과 지나친 무책임이 있다.

역기능 가정에서 성장한 아이들은 가정의 문제들과 부모들의 문제들이 자기에게 책임이 있는 것으로 받아들이는 경향이 있다. 그래서 그들은 문제들을 해소하기 위해서 착하고 모범적인 아이가 되려고 노력한다. 이런 아이가 성인이 되면 다른 사람들의 욕구와 감정에 지나치게 민감하게 반응하며 그들의 욕구를 자신이 충족시켜 줄 책임이 있다고 생각하는 경향이 있다. 또한 일을 처리하되 지나치게 완벽하게 처리하려고 무척 애를 쓰는 사람이 된다.

직장에서도 지나친 책임감으로 남들보다 훨씬 많은 일을 떠안는다. 그러면서도 종종 피해를 입었다거나, 악용되었다거나, 자신의 진가를 인정받지 못했다거나 하는 감정 때문에 고통을 받는다.

이런 지나친 책임감으로부터 회복되는 길은, 다른 사람들의 감정과 행위들은 나와 직접적인 관계가 아니라면, 나와 상관이 없다는 것을 받아들이는 것이다.

열세 번째, 억압된 성욕이 있다.

역기능 가정에서는 보통 성적 감정들을 부자연스럽고 비정상적인 것으로 취급을 한다. 아이들이 성적인 호기심을 나타내면 어른들은 엄격하게 처벌을 하거나 "성은 불결하고 드러내놓고 말을 해서는 안 되며 회피해야 한다."고 충고한다.

또한 역기능 가정에서 근친상간의 피해자가 되거나, 성적인 괴로움을 당하기도 한다. 그래서 이들은 죄책감과 수치심을 가지고 있으며, 성적 정체성에 혼란을 느낀다. 성인이 된 후에도 사랑과 섹스를 혼동하여 쉽게 몸을 내어주거나 혼잡한 성관계를 갖기도 한다. 결혼을 했어도 배우자와 자연스럽게 섹스에 대해서 대화를 하지 못하며, 심지어 성불구나 불감증에 시달리는 경우도 많다.

성은 하나님께서 오직 부부 사이에서만 서로 기쁨을 나누는 사랑의 도구로 주신 것이다. 부부의 성은 하나님의 선물이기 때문에, 부끄럽거나 숨겨야만 하는 수치가 아니다. 정상적인 부부의 성은 선한 것이며, 아름다운 것이고, 복으로 주신 하나님의 선물인 것이다. 그러므로 성을 단순히 육적인 쾌락을 추구하거나 더럽게 생각하면 안 된다. 그것은 하나님께 죄를 짓는 것이다. 바울은 부부간의 성교는 교회와 예수님과의 관계와 같다고 하였다(엡 5:31-32). 그러므로 부부의 성은 부부간에 예배처럼 거룩하게 지켜야 되는 것이다.

마이크 메이슨은 그의 저서 《결혼의 신비》에서 "예배가 하나님의 가장 깊은 친교라면 성행위는 부부의 가정 깊은 친교의 형태다."라고 말하였다. 당신이 억압된 성욕으로부터 회복되려면 성은 추하거나 더러운 것이 아니라 아름다운 것이고 하나님의 복이라고 받아들여야 한다. 그리고 그 성은 오직 부부사이에만 누릴 수 있는 것이라는 것을 알아야 한다. 성경은 부부가 함께 성을 즐거워하고 족하게 여기며 감사하라고 말하고 있다. 잠언 5장 15-19절을 한 번 읽어보자.

"너는 네 우물에서 물을 마시며 네 샘에서 흐르는 물을 마시라
어찌하여 네 샘물을 집 밖으로 넘치게 하겠으며 네 도랑물을
거리로 흘러가게 하겠느냐
그 물로 네게만 있게 하고 타인과 더불어 그것을 나주지 말라
네 샘으로 복되게 하라 네가 젊어서 취한 아내를 즐거워하라
그는 사랑스러운 암사슴 같고 아름다운 암노루 같으니
너는 그의 품을 항상 족하게 여기며 그의 사랑을 항상 연모하라."

성인아이의 특징은 이 외에도 다음과 같은 것들이 있을 수 있다.

* 자신과 다른 사람들은 무자비하게 비판하거나 경멸하는 경향이 있다.
* 화를 내는 사람들과 개인적인 비판에 위협감을 느낀다.
* 중독적인 성향을 가지고 있으며, 중독적인 성향을 가지고 있는 사람에게 정서적으로 끌린다.
* 자신의 생각을 주장하거나 소신 있게 행동할 때 죄책감을 느낀다. 그래서 자신의 견해보다는 다른 사람들의 욕구나 견해를 따른다.
* 잘못된 관계임을 알면서도 버림받음의 두려움 때문에 관계를 정리하지 못한다.
* 자주 우울한 감정이 든다.
* "안 돼! 싫어요." 등의 말을 하지 못한다.

* 계획을 짜고 실천하는데 어려움이 있다.
* 통제할 수 없는 상황을 만나면 그것을 변화시키려고 지나치게 반응한다.
* 무엇이 정상적인 행동인지에 대해 혼란스러워한다.
* 진실을 말할 수 있는 때에도 거짓말을 한다.
* 처음에 계획한 것을 끝까지 이행하는 데 어려움을 겪는다.
* 재미있는 시간을 보내는데 어려움을 느낀다.
* 자기 자신을 너무 심각하게 받아들인다.
* 자신이 통제할 수 없는 변화에 대해 과민반응을 보인다.
* 항상 자신이 남들과 다르다고 느낀다.
* 충동적으로 행동한다.

당신에게 이와 같은 감정과 행동이 나타난다면 당신은 성인아이 기질과 자존감에 상처를 받은 것이 확실하다. 그런 기질 때문에 당신은 그동안 살아오면서 많은 어려움을 겪었을 것이다. 이제 순탄한 삶과 행복한 결혼생활을 위해서 잘못된 사고와 행동들은 치유 받아야 한다.

우리가 현재 가지고 있는 삶의 자세, 감정 그리고 행동은 어린 시절의 가정에서 보고 겪으면서 본받았던 메시지나 행동의 직접적인 결과이다. 낮은 자존감의 소유자들은 혼란 속에서 성장했기 때문에, 적절한 인간관계나 의사 결정 기술, 또는 원인과 결과를 인식하는 것의 가치, 즉 모든 행동은 예외 없이 그 결과를 유발시킨다는 것을 배우지 못했다.

그러므로 낮은 자존감에서 해방되기를 원하는 사람은 먼저 자신이 정상적인 사랑과 양육을 받지 못했으며 비난과 학대를 받았다는 것을 인정해야 한다. 그리고 자신이 정당한 사랑이나 교육, 양육을 받지 못함을 슬퍼하며 억압된 감정을 풀어내야 한다. 그런 후에 하나님의 사랑을 받아들이고, 내적치유 기도로 치료를 하면 많은 경우 자존감을 회복하고, 하나님이 주신 본래의 모습, 즉 왕의 모습을 회복하게 된다.

자, 그럼 지금부터 상처 입은 자존감을 치유하는 여행을 시작해 보자. 먼저 건강한 가정의 특징과 역기능 가정의 특징을 살펴보면서 자신이 어떤 가정 출신인지 확인하는 것이 좋을 것 같다.

2장 건강한 가정과 역기능 가정의 특징

The healing of bruised self-esteem

2장 건강한 가정과 역기능 가정의 특징

이번에는 건강한 가정과 역기능 가정의 특징을 살펴봄으로써 자신이 언제 낮은 자존감이 형성되었는지를 이해하도록 해 보겠다.

네브래스카 대학교의 닉 스티넷(Nick Stinnett)과 존 디프레인(John Defrain) 박사는 20년간 국가, 문화, 인종, 종교를 초월해서 27개국 18,000여 가정을 대상으로 연구하였다. 그들은 이 연구를 통하여 「건강한 가정의 6가지 특징」이라는 논문을 발표하였다. 그 특징은 다음과 같다.

첫째, 건강한 가정은 부부와 자녀들 사이에 견고한 결속이 있었고, 서로에 대해서 헌신하고 있다.

둘째, 건강한 가정은 가족들이 함께 하는 시간이 많다.

셋째, 건강한 가정에서는 긍정적인 바람직한 의사소통이 있다. 일반 가정에 비해 서로의 말을 잘 들어주고 자신의 생각이나 욕구,

감정을 더 자연스럽게 표현하고 있다.

넷째, 건강한 가정에서는 가족원들이 서로에게 감사와 애정을 많이 표현하는 것으로 나타났다. 심지어 갈등이 있을 때에도 상대방을 비방하거나 깎아내리지 않고 긍정적인 점을 말해 주는 특징이 있다.

다섯째, 건강한 가정은 일반 가정에 비해 신앙심이 좋았고 영적으로 결속되어 있다.

여섯째, 건강한 가정은 위기 극복 능력이 뛰어나다. 어려운 문제가 발생했을 때, 평상시보다 가족 구성원들이 더욱 강하게 결속하여 문제에 긍정적이고 적극적으로 대처하는 능력이 있다.

이상이 건강한 가정의 특징이다. 이번에는 역기능 가정의 특징을 살펴보자. 이 세상의 어떤 가정도 완전한 순기능 가정이거나, 역기능 가정은 없을 것이다. 대다수의 가정은 순기능성과 역기능성이 혼합되어 있다고 봐야 한다. 그럼에도 불구하고 우리가 역기능 가정이라고 말하는 이유는 순기능보다는 역기능 쪽이 더 비중을 많이 차지하고 있기 때문이다.

'역기능(dysfunction)'이란 마땅히 해야 할 제 기능을 발휘하지 못하고 있는 손상된 상태를 말한다. 성취도가 낮아서 평균 이하의 수준으로 살아가는 가정, 배우자나 자녀들에 대해 지나치게 기대가 높은 완벽주의 가정, 정서적인 문제나 신체적인 문제에 몰두해 있는 가정, 중독증세가 있는 가정(알코올, 도박, 섹스, 종교, 폭력 등), 이전 세대에서 전수된 문제를 해결하지 못하고 과거의 짐을 짊어지고 있는 가정 등이 여기에 해당된다. 역기능 가정의 특징은 다음과 같다.

첫째, 결혼관계가 병리적이다.

역기능 가정은 먼저 역기능적인 결혼생활에서 시작된다. 비록 몸은 어른일지 모르지만 이런 부부들은 정서적, 정신적으로 미숙하다. 그들은 상대방의 필요를 인식하지 못하고 자신의 필요에 몰입되어 있다. 그 이유는 어린 시절에 그런 필요들을 채움 받지 못했기 때문이다. 그래서 서로의 성격차이와 집안 전통의 차이, 습관을 받아들이지 못하고 자기 것만 고집하며 주장한다. 이것은 자연히 세력 다툼으로 이어지게 되어 있다.

몸은 자랐지만 정서적으로 유치한 수준을 벗어나지 못한 어른을 전문가들은 '성인아이(adult child)'라고 부른다. 이들은 자녀들의 여러 가지 자연스러운 필요를 채워 주지 못한다. 그들 자신이 받아 보지 못했기 때문이다.

역기능 가정의 출신들은 배우자 선택에도 많은 문제가 있다. 보통 사람들은 어린 시절에 경험한 것과 유사한 정서적 상황을 자기도 모르게 재현하려고 하는 무의식 욕구가 있다. 이를 '고향귀환 증후군'이라고 한다.

폭력과 비판적인 가정에서 성장한 사람은 자신은 결코 비판적이거나 폭력을 휘두르는 사람과는 결혼을 하지 않겠다고 내적인 맹세(inner vow)를 한다. 그런데도 불구하고 그 사람은 자신도 모르게 무의식적으로 비판적인 사람에게 끌려서 결혼을 하게 된다고 한다. 그 이유는 그런 사람이 자신에게 익숙하기 때문이다.

배우자 선택에 영향을 미치는 또 다른 정서적 프로그램은 어린 시절에 완수하지 못한 미해결 관제를 이뤄내려고 하는 욕구이다. 이를 '어린 시절의 미해결 과제'라고 부른다.

아이들에게는 부모로부터 사랑받고 행복해지기 원하는 욕구가 있다. 또한 자기 부모님이 서로 사랑하는 것을 보고 싶어하는 욕구가 있다. 그런데 이런 욕구를 충족하지 못하면 무의식적으로 미완성된 느낌을 갖게 된다. 그래서 이런 사람들은 성인이 되어서 배우자를 선택할 때, 어린 시절에 완수하지 못한 미해결과제를 완성하려고 자신에게 무관심하고 사랑이 없는 부모님을 닮은 배우자를 선택하게 되는 것이다. 그래서 사랑이 없는 매정한 배우자에게 열심히 노력을 해서 사랑을 얻어내려고 한다. 이는 어린 시절에 부모에게 받지 못한 미해결 욕구를 해결하려는 치열한 몸부림이다.

어린 시절의 미해결 과제를 해결하는 다른 방법은 '공격적 해결 접근방법'이 있다. 이런 경우는 자신의 부모와 반대되는 배우자를 선택하는 것이다. 부모가 사랑이 없는 사람들이었다면 배우자를 선택할 때 자상하고 사랑이 많은 헌신적인 사람을 선택한다. 그래서 부모가 자신을 거부하고 학대하였듯이 배우자를 거부하고 상처를 주는 언행을 한다. 이런 행동은 마음속에 살아 있는 부모를 배우자를 통하여 처벌하는 것이다.

또 다른 경우는 '희생적인 접근방법'으로 미해결과제를 해결하려는 경우가 있다. 이런 아이들은 부모가 서로 사랑하고 행복해 하는 모습을 보고 싶어서 자신이 사랑을 받고 관심을 받고 싶은 욕구를 포기한다. 그리고 오히려 부모를 돌보고 구출하려고 애를 쓰게 된다. 이런 경우에는 자신이 어떨 때 행복한지, 어떤 것을 좋아하는지, 어떤 것이 필요한지 느끼지도 못하고 말도 못한다.

이런 아이는 성장하여 배우자를 선택할 경우에도 자신이 사랑하고 헌신할 만한 사람을 선택하지 않는다. 그는 부모가 좋아할 만한 배우자를 선택함으로 부모에게 기쁨을 주려고 한다. 혹은 부모를 닮은 불쌍한 사람을 선택하거나, 그보다 못한 배우자를 선택하여 그를 고쳐주고 구출해 주려고 진액을 쓰며 살게 된다. 결국 자신의 부모보다 더 비참한 결혼생활을 하며 고통스러워한다.

많은 사람들이 "나는 정말 그 사람과 결혼을 하고 싶지 않았습니다."라고 말한다. 그런데도 그런 사람을 선택하게 된 이유는 무의식적인 힘이 그런 사람을 선택하게 되었기 때문에 자기 자신도 자각하지 못했던 것이다. 당신이 낮은 자존감이 있는 상태에서 배우자를 선택하였다면 이와 같은 경우에 해당될 것이다. 이를 해결하기 위해서는 어린 시절에 묶여 있는 과거와 현재 사이의 연결고리를 찾아내어 치유하여야 한다.

둘째, 경계선(Boundaries)이 지나치게 느슨하거나 완고하다.

경계선은 자기 자신만의 '공간'을 의미한다. 이 경계선은 한 사람의 몸, 생각, 영혼을 둘러싸고 있는 보이지 않는 정서적, 신체적, 성적, 영적 영역이다. 그러므로 이 영역은 안전하게 유지되어야 한다. 이 경계선이 안전하게 유지될 때 그 사람은 자신이 보호받고 있고 존중받고 있다고 느낀다. 건강한 가정에는 이 경계선이 안전하게 유지된다. 그러나 병적인 가정에서는 경계선이 지나치게 느슨해서 자주 침범을 당하거나 완고하다.

역기능 가정의 부모들은 자녀들의 물건을 함부로 취급한다. 그들은 자녀들의 일기를 허락도 없이 보며, 심지어 자녀들이 옷을 갈아입거나 화장실에 있을 때에도 노크도 없이 문을 열고 들어온다. 또한 그들은 자녀들을 때리거나, 비난하는 고함소리를 지르거나, 부적절한 설교를 지루하게 하고, 심지어 원치 않는 성적 접촉을 한다.

이렇게 자신의 경계선이 쉽게 침범을 당하면 자녀들은 자기 몸, 생각, 영혼에 대한 지배권이 자신에게 없다고 믿게 되는 낮은 자존감이 형성하게 된다. 그래서 부모가 아닌 다른 사람이 자신의 사적인 공간에 마구 침범해도 한 마디 항의도 하지 못하는 사람이 되고 마는 것이다.

역기능 가정의 자녀들은 "안 돼, 아니오(No)"라고 감정을 표현하는 법을 배우지 못했기 때문에 다른 사람들이 자신의 경계선을 침범해도 자신이 느끼는 불쾌한 감정이 오히려 잘못됐다고 생각할 뿐만 아니라, 오히려 침범자들을 기쁘게 하기 위해서 그들에게 협력하고 자신을 학대하도록 자신의 경계선을 스스로 개방하게 된다.

역기능 가정의 경계선은 지나치게 '완고'할 수도 있다. 건강한 가정은 사랑과 돌봄, 경청과 양육, 지도와 격려, 가르침과 모범이 있다. 그러나 역기능 가정은 이러한 상호작용이 없다. 역기능 가정의 부모들은 자녀들에게 칭찬과 격려를 하는 것은 자녀들을 버릇없게 만드는 것이라고 생각한다. 또한 적절한 필요를 채워주지도 않는다. 이런 환경에서 자라나는 자녀들은 자신들이 가치 없는 사람이거나, 나쁜 사람이라고 느낀다. 이들이 나중에 성인이 되면 애정과 관심이 굶주린 것에 보상을 받기 위하여 부적절하고 죄악된 행동으로 그들의 외로움을 채우려고 발버둥 칠 확률이 높다.

느슨하고 완고한 경계선이 한 가정에서 동시에 행해질 수 있다. 부모 중 한쪽이 완고한 경계선을 준수할 때, 다른 한쪽은 느슨한 경계선을 넘나들 때, 아이들은 혼란스러워 한다. 일관성이 없고 예측할 수 없는 상황이 늘 아이로 하여금 긴장감에 싸이게 하고 불안하게 한다.

나중에 이런 아이가 어른이 되면 이성적으로는 옳고 그름을 알고 있지만 행동으로는 규칙을 자주 어기는 사람이 될 가능성이 높다. 이런 사람이 만약에 목사가 된다면 간음하지 말라는 설교를 열정적으로 하고 자신은 간음죄에 빠지는 혼란을 겪게 될 것이다.

셋째, 가족관계가 빈약하고 감정을 표현하지 않는다.
역기능 가정은 가족들 간에 대화가 매우 빈약하다는 것이다. 그들은 서로에게 정서적으로 지나치게 얽혀 있거나 지나치게 단절되어 있다. 특히 역기능 가정의 3대 규칙인 '말하지 말라', '느끼지 말라', '믿지 말라'가 장악하고 있다. 그래서 식구들은 자신의 의견, 감정, 욕구, 필요 등을 적절하게 표현하거나 인식하지 못한다.

이들은 TV의 뉴스나 연속극을 보면서 피상적인 것에 대해서는 말을 한다. 그러나 그들 자신의 감정, 문제, 스트레스에 대해서는 절대로 말하지 않는다. 사랑하는 강아지가 죽거나 상처받는 일을 당해서 울면 "바보나 우는 거야!" "남자는 우는 것이 아니야!" 등의 말을 들었기 때문에 감정을 자연스럽게 숨기게 된다. 혹시 당신에게 다음과 같은 증상이 있는지 점검해 보라.

* 평상시에 자신의 감정을 표현하는 것에 어려움을 느낀다.
* 자신의 감정을 느끼기보다는 다른 사람들의 감정에 더 신경을 쓴다.
* 자신의 감정을 다른 사람이 눈치챌까봐 감정을 숨기는 편이다.
* 자신이 평상시에 정서적으로 어떤 감정을 느끼는지 의식하기가

어렵다.
* 슬픈 상황을 당할 때나 매우 분노해야 할 때에 감정적으로 무덤 덤하다.

위의 여섯 가지 중에서 한두 가지만 해당이 된다고 해도 당신은 자신의 감정을 억압하는데 세뇌되어 있다고 보아야 한다. 희로애락의 표현은 하나님께서 우리 인간들에게 삶의 풍요로움을 위해서 선물로 주신 것이다. 그런데 그 감정을 부인하거나 억압한다면, 행동과 정서적인 면에 문제를 일으킬 수 있다.

상실감으로 슬픔을 느낀다면 자연스럽게 슬픈 감정을 표현해야 한다. 그런데 역기능 가정과 역기능 교회에서는 슬픈 감정을 나타내는 것은 패배자나, 신앙이 없는 것으로 낙인받기 때문에 슬픈 감정을 숨기고 오히려 화를 내는 경우가 있다. 이럴 경우에 주위에 있는 친한 사람들도 그를 위로하거나 격려하기가 어렵다. 이래서 자신은 마땅히 위로를 받을 때 위로받지 못하는 외톨이가 되고, 원만한 대인관계가 어려워지는 것이다.

보통 역기능 교회에서는 사랑하는 집안 식구가 죽어도 울면 믿음이 없고, 천국을 부인하는 것이기 때문에 울면 안 된다고 가르치고 있다. 이것은 참으로 어처구니없는 가르침인 것이다. 성경에는 분명히 자녀들에게 애곡하는 법과 애가(哀歌)를 가르치라고 말씀하고 있다. 예레미야 9장 20절에서 하나님은 다음과 같이 말씀하시고 있다.

"부녀들이여 여호와의 말씀을 들으라 너희 귀에 그 입의 말씀을 받으라 너희 딸들에게 애곡(哀哭)하게 하고 각기 이웃에게 슬픈 노래를 가르치라"

이스라엘 백성들은 모세가 죽었을 때에 30일을 애곡하며 슬퍼하였다(신 34:8). 예수님도 슬픈 감정이 들 때 눈물을 흘리셨다. 당신이 남자라고 하더라도 슬프면 울어도 아무 상관이 없다. 분노의 감정을 표현할 때에도 마찬가지이다. 역기능 가정의 출신들은 화를 내면 안 된다는 왜곡되고 경직된 규칙 때문에 분노의 감정을 표현할 때에 분노의 감정을 억누르고 오히려 슬픔이라는 감정을 표현하게 되거나, 슬플 때에 화를 내는 부자연스러운 행동을 하게 된다. 이런 경우에는 정상적인 감정이 억압되기 때문에 정서적인 문제뿐만 아니라 육체적인 질병까지 유발할 수 있다.

넷째, 문제가 있는 성인이 있고, 문제가 대대로 반복되는 패턴이 나타난다.

역기능 가정에는 정서적으로 문제를 가지고 있는 성인이 있다. 정서적인 문제는 다음과 같은 중독증상으로 나타날 수 있다. 알코올중독, 약물중독, 일중독, 분노중독, 섹스중독, 음식물섭취중독(대식증, 거식증), 종교중독 등이다.

이와 같은 중독을 가지고 있는 집안은 배우자나 자녀들이 그 중독자의 정서적인 욕구를 채워 주어야만 한다. 그리고 모든 가족들이 중독을 가지고 있는 성인의 감정에 따라 영향을 받는다. 만약에 아버지가 습관적으로 화를 내는 분노 중독자라면 식구들은 언제 아버지의 분노가 터질지 몰라 두려움 속에 살게 되는 것이다.

나의 집안은 아버지는 일 중독자였고, 어머니는 종교 중독자였다. 나는 평일에는 아버지의 얼굴을 볼 수가 없었다. 심지어 지방이나 해외로 출장을 가시면 몇 달, 몇 년을 보지 못했던 때도 있었다.

이런 경우 자녀들이나 본인 당사자도 일에 빠져있는 것을 나쁘게 생각하기 어렵다. 왜냐하면 우리나라 사회구조가 피땀 나게 노력을 하지 않으면 자녀교육과 집 한 채도 마련하기 어렵기 때문이다. 그럼에도 불구하고 이런 경우에는 자녀들 특히 아들은 아버지를 통하여 남성상을 배우지 못하기 때문에 많은 혼란을 겪게 된다.

종교중독은 보통 이단 사이비 종파에 빠진 사람들에게 나타나지만, 우리나라의 경우는 정상적인 교회에서도 많이 나타나고 있다. 나의 어머니 같은 경우는 가정과 자녀들의 필요는 돌보지 않고 강박적으로 종교행위에 몰입하였다. 보통 우리나라 교회들은 헌신적으로 교회 일에 참여해야 믿음이 좋다는 인정을 받을 수 있고, 하나님께 복을 받을 수 있다는 것을 강조하기 때문에 나의 어머니와 같은 신자들이 많이 생산된다. 이런 신자들은 교회에서는 인정을 받지만, 그들의 자녀들은 여러 가지 결핍으로 어려움을 겪는다.

또한 역기능 가정은 대대로 이어져 내려오는 패턴이 많이 나타난다. 예컨대 알코올, 도박 등의 중독 문제라든가, 가정폭력, 성폭력 등의 학대가 반복해서 발생하는 것이다. 실제로 알코올중독 가정에서 성장한 사람은 알코올중독자가 되거나 그런 사람을 배우자로 만날 확률이 정상 가정의 사람들보다 4배가 높다는 통계 수치가 나와 있다.

다섯째, 수치심에 묶여 있다.
역기능 가정은 외부 사람들에게 말하기를 꺼려하는 수치스러운 비밀들을 간직하고 있는 경우가 많다. 이전 세대에 일어났던 충격적인 사건, 가정에서 일어난 육체적, 정서적, 성적 학대 등이 여기에 해당된다.

수치심의 감정이 꼭 나쁜 것만은 아니다. 사람은 자신이 죄를 지었거나 잘못을 저질렀다면 당연히 수치심을 느껴야 정상이다. 이는 하나님께서 인간에게 잘못을 바로잡을 수 있도록 주신 좋은 감정이다. 이러한 수치심은 하나님께 죄를 고백하고 용서를 빌면 사라지게 된다.

그러나 잘못된 수치심은 절대로 사라지지 않고 마음을 괴롭힌다. 이 병적인 수치심은 '타인의 기대를 충족시키지 못했거나, 타인에게 인정받지 못했거나, 타인에게 무시당했을 때 생기는 감정'이다. 자신이 속한 가족이나 문화, 사회에서 굴욕과 치욕을 느끼고 다른 일반 사람들에게 없는 어떤 결함이 유독 자신에게만 있다고 느끼는 의식이다.

병적인 수치심은 죄책감과 다르다. 죄책감은 '실수했다'고 스스로를 지적하지만, 수치심은 '내 존재 자체가 실수'라고 생각한다. 특히 부모가 다음과 같은 말을 생각 없이 할 때 자신에 대한 수치심이 생길 수 있다.

"우리는 너를 낳고 싶어서 난 것이 아니야. 그냥 재수 없이 네가 생긴 것이지."

"너 때문에 나는 네 엄마(아빠)와 결혼을 하게 되었어. 나는 네 엄마(아빠)와 결혼하고 싶지 않았거든."

"너 같은 놈을 낳고 내가 미역국을 먹었다니, 나도 참 한심하다."

"네 형 좀 봐라. 제발 네 형의 반만이라도 해봐라!"

"넌 그것도 못하니! 한심한 놈."

이러한 말들은 존재 자체를 부인하는 말이기 때문에 자녀들에게 커다란 상처가 된다. 그래서 자신의 존재에 대한 잘못된 수치심을 가지게 되고 낮은 자존감이 형성되는 것이다.

여섯째, 문제를 부인하거나 축소화한다.
역기능 가정은 그들에게 어려움이 있다거나, 그러한 어려움이 그들 자신이나 다른 사람들에게 해를 끼쳤다는 것을 부정하거나 문제를 축소화한다. "그래도 부모가 없는 아이보다는 나아." "우리 집은 문제가 있기는 한데, 그건 그렇게 심각한 문제가 아니야."

역기능 가정의 사람들은 이런 식으로 자신들이 겪은 문제들은 부인한다. 그들은 다른 사람들이 보는 것보다 상황이 그다지 나쁘지 않다고 공들여 말하며 문제를 축소한다. 그러나 건강한 가정은 문제를 있는 그대로 받아들인다. 그들은 문제가 만들어 내는 고통스러운 감정을 받아들이는 동시에 적절한 관점으로 자신들을 바라보고 적합한 해결책을 찾는다.

일곱째, 역기능 가정은 자녀들에게 파괴적인 역할을 하게 한다.
역할은 연극에서의 등장인물처럼 각 가족들의 업무에 대한 서술을 정의하는 것이다. 또한 역할은 가족들이 안고 있는 매 상황과 문제에서 어떻게 행동해야 할지 기대되는 것을 의미한다. 이러한 역할들은 가족 구성원들에게 공개적, 비공개적으로 주어진다.

역할은 성별에 따라, 태어난 순서에 따라, 시대의 문화에 따라, 가정의 전통이나 개성에 따라 다르게 주어질 수 있다. 가정에서 어떤 역할을 맡느냐에 따라서 그 사람의 성격이나 인생의 판도가 결정된다고 보아도 과언을 아닐 것이다.

역기능 가정의 가족들은 모두가 건강하지 못한 역할에 고착되어 있는 경우가 많다. 중독이나 성격파탄, 가정폭력, 분노조절장애, 무책임 등의 문제를 가진 1차 역기능자가 있는가 하면, 그런 사람의 문제를 대신 짊어지고 살아가는 배우자가 있다. 그리고 생존역할들이 강요되기도 하고, 아이들 스스로가 정서적으로 불안한 환경에서 살아남기 위해서 다음과 같은 역할을 계발하기도 한다. 생존역할은 다음과 같다.

영웅(英雄, Hero)

역기능 가정에서 성장하는 아이는 때때로 자신이 완벽해지고 성공함으로써 자기 가정을 좋게 포장하려고 시도하는 아이가 있다. 이런 아이를 영웅이라고 한다. 이 영웅 아이는 자신이 성공을 함으로써 세상에 이렇게 외치고 있다.

"우리 가정에 문제가 있을지도 모르지만 나는 문제가 없어. 나를 봐. 그리고 내가 한 일을 봐. 우리 가정은 결코 콩가루 집안이 아냐."

이 영웅은 가족들에게도 자랑거리다. 가족들은 이 영웅을 다음과 같이 자랑한다. "우리에게는 이렇게 특별한 사람이 있다. 우리는 대단한 가족이다." 영웅은 가족들에게 언제나 완벽하고 뛰어난 인물이기를 기대된다. 이렇게 하여 영웅은 더 철저한 완전주의자가 될 가능성이 많다. 가족들은 어떤 문제들이 생기면 그에게 해답을 구한다. 가족들은 영웅의 성공을 위하여 희생된다. 여기에 불만이 있는 가족도 있지만 결코 그런 감정은 표현되지 않는다.

명절이나 특별한 가족들의 모임에는 이 영웅이 이룬 성취, 승리, 업적, 성공에 대한 찬사가 이어진다. 이 영웅은 열심히 노력하여 성공한 사람이 된다. 특히 이런 영웅들은 목사나 신부, 승려, 의사나 간호사, 복지사와 같이 남을 돕는 인물이 된다. 그러나 그의 내면은 피곤하고 힘들고 외로운 상태이며 스스로 만족감을 느끼지 못하는 경향이 있다.

희생양(犧牲羊, Scapegoat)

희생양은 영웅의 반대이다. 희생양은 문제를 일으키고, 잘못을 저지르며, 끊임없이 사고를 치는 존재이다. 이 희생양은 가정의 문제를 강제적으로 떠안는 역할이기 때문에 그들의 실수는 그다지 크지 않아도 된다. 다만 그들의 우둔함과 어리석음을 조금이라도 드러내고 '집안의 말썽꾸러기'라는 꼬리표를 달 정도면 충분하다.

희생양은 재능이나 능력이 있어도 인정을 받지 못할 뿐만 아니라 스스로가 숨기는 법을 터득해야 한다. 희생양의 고의적인 비행이나 우연한 실수로 보이는 문제들은 사실상 가정에서부터 학습된 반응 패턴의 결과이다.

어릿광대(Mascot)

어릿광대는 코미디언처럼 가족들에게 웃음을 선사하려고 노력하는 역할이다. 이 어릿광대는 다음과 같이 생각한다.

"우리 집에는 너무나 많은 문제가 있어. 이런 문제의 고통에서 부모님을 기쁘게 하려면 내가 삐에로 역할을 해야 해."

유머는 긴장을 해소시키고 치유를 가져다준다. 그래서 어릿광대의 역할은 경직된 가족들에게 억압된 감정을 일시적이나마 풀어지게 하며, 긴장을 해소하는 역할을 한다. 그러나 역기능 가정에서 어릿광대가 아이러니컬한 유머를 사용하는 진짜 이유는, 자신의 고통스러운 감정을 회피하기 위한 것이다. 어릿광대는 다른 사람은 웃게 만들면서 자신의 감정은 가슴 속 깊이 묻어 버린다. 그러한 감정은 언제 터질지 모르는 휴화산(休火山)처럼 불안하다.

미아(迷兒) 또는 잊혀진 아이(Lost Child)

외부 세계와 가족들에게 이들은 '조용하거나, 심각한' 아이들이다. 잊혀진 아이는 가정에 문제들이 많기 때문에 나는 그 문제들에 개입하지 않고 뒤에 숨어있겠다고 생각하는 아이다. 이 잊혀진 아이는 자신의 감정을 아무도 들어주는 사람이 없기 때문에 스스로 마비시키는 법을 습득한다. 그래서 그들은 점차적으로 자신의 감정을 인식하는 능력을 상실하게 된다.

그는 어디를 가든지 자신의 모습을 숨긴다. 친구들과 같이 파티에 참석을 했는데도 다음날 친구들은 그에게 다음과 같이 질문한다.

"야, 너는 어제 왜 파티에 안 왔니?"

잊혀진 아이는 모든 유형의 중독으로 발전하기 쉽다. 그들은 중독성 물질이나 행위가 그들의 파괴적인 감정을 마비시키는데 도움이 되는 것을 너무도 빨리 발견한다. 잊혀진 아이들은 외롭고, 슬프며 때때로 우울증에 빠지기도 한다.

실행가(實行家, Doer)

실행가는 바쁘게 행동하는 것을 좋아한다. 그들은 가정의 모든 일을 뒤치다꺼리하는 사람이다. 그들은 요리를 하고, 세탁을 하고, 계산서를 지불하고 쉴 틈 없이 움직이며 청소를 한다.

실행가들은 자신이 모든 일을 다 책임지고 있다고 느끼기 때문에 기분이 침체될 때 종종 분노를 터뜨린다. 그러나 그것도 잠시뿐 그들은 일을 계속한다. 실행가가 생각하기에 자신만이 일을 제대로 할 수 있기 때문에 불평을 하면서도 누군가가 나서서 도와준다고 하면 거절하고 자신이 혼자서 일을 한다. 이는 그들에게 '순교자' 정체감이 있기 때문이다. 성인이 된 실행가는 일중독에 빠질 위험성이 높다.

실행가의 가장 심각한 일은 어린 시절을 상실한다는 것이다. 그 이유는 중독이 있는 부모나 다른 식구들을 돌보는 사람이 되기 때문이다. 집안일을 하거나, 문제가 있는 부모를 변호하거나, 문제를 해결하거나, 식구들 간에 관계를 부드럽게 하는 역할을 맡게 된다. 아이는 이렇게 어린 시절을 상실하고 너무 빨리 성숙한 어른이 되는 것이다. 사람들은 그런 아이에게 다음과 같이 칭찬한다.

"어쩜 너는 그렇게 어른스럽니? 우리 아이가 너를 반만이라도 닮았으면 좋겠다."

자칭 전능자(自稱 全能者, Enabler)

원래 이 역할은 알코올 중독자와 함께 살면서 남편의 술버릇에 대해 전혀 직면하지 않는 아내들을 묘사하는 데 사용되어 왔다. 자칭 전능자는 어떻게든 중독자와 관계를 유지하지 않으면 자신의 정체성을 잃을까봐 두려워하는 사람들이다. 그들은 자신의 가정이 정상적이라는 인상을 심어주기 때문에 거짓말과 별명을 그럴듯하게 잘 한다.

그들의 가정을 잘 아는 사람은 자칭 전능자가 왜 그렇게 모든 것을 참는지 이상하게 여긴다. 다른 사람들의 눈에는 해결책이 분명하게 보이기 때문이다. 친구들은 거기에서 빠져나오라고 충고한다. 그러나 자칭 전능자는 충고하는 친구들을 납득시키기 위해서 여러 가지 별명을 늘어놓는다. 교회에서는 자칭 전능자는 어쩌면 성자처럼 보일 수도 있다.

어린 왕자(王子)/ 공주(公主)(Little Prince/ Princess)

작은 왕자와 공주의 역할은 다른 사람들을 즐겁게 하고 기쁘게 하는 역할이다. 가족들은 작은 왕자나 공주에게 따뜻하고, 경이롭고, 귀엽고, 안아 주고 싶은 존재가 되어 주기를 기대한다. 그리고 오직 특별한 가정만이 그러한 아이를 가질 수 있다고 사람들에게 보여 주려고 한다.

이 아이는 항상 웃는 법을 배우고 최고로 예쁜 옷을 입으며, 부모가 원할 때마다 춤이나 노래를 선보여야 한다. 이런 아이는 자신의 감정은 내면으로 숨기면서 다른 가족들에게 언제나 행복하게 보이려고 노력한다. 이런 아이는 모든 사람들이 좋아하는 매력적인 사람으로 성장한다. 그들은 예의 바르고 착실하며 은혜가 넘친다.

그러나 직관력이 있는 사람들은 그들의 외형적인 행동이 거짓된 가면임을 알아차린다. 작은 왕자, 공주는 어린 시절에 사실대로 정서적으로 표현하는 방법을 학습하지 못한 병적인 가정의 희생물이다.

대리배우자(代理配偶者, Surrogate Spouse)

부모 중에 한쪽 부모가 일찍 죽었거나 이혼을 하여 헤어졌을 때, 아들이 어머니에게 남편의 역할을, 딸이 아버지에게 아내의 역할을 하는 경우를 대리배우자 역할이라고 한다.

정서적인 의미에서의 대리배우자도 있지만, 이것이 발전하여 성적인 역할을 하는 경우도 있다. 이러할 때에 근친상간이 일어나기도 한다. 양친이 모두 살아있다고 하여도 부부의 사랑이 자녀에게 더 큰 비중을 두었을 때 대리배우자의 형태가 형성하기도 한다.

보통 우리나라는 엄마와 아들의 관계가 정서적인 대리배우자의 역할을 하는 경우가 많다. 이는 유교문화권의 답습 때문이다. 특히 시댁의 핍박이 심하고 남편과의 관계가 원만하지 않을 때 이런 현상이 나타난다. 이럴 경우 아들은 엄마의 보호자이기도 하며 동시에 엄마의 위로자이기도 하다. 이러다 보니 모자의 관계가 아주 밀착되게 된다.

이런 아들은 결혼을 해서도 아내보다는 엄마와 더 가깝게 지내며, 엄마의 부탁이라면 자다가도 벌떡 일어난다. 이런 남자들은 아내가 뭔가를 요구할 때 절대 움직이지 않는다는 특징이 있다고 한다. 또 어머니와 아내 사이에 갈등이 생기면 어머니 편에 선다.

반항아(反抗兒, Defiant)

반항아는 말 그대로 반항적인 역할을 하는 자녀를 말한다. 반항아는 속으로 이렇게 생각한다. "나는 당신들보다 한술 더 뜰 것이다. 어디 두고 봐라."

이렇게 반항아는 자신이 받은 상처에 대해 문제가 있는 부모에게 복수를 하는 것이다. 보통 잘못된 수치심은 숨기려고 하나, 반항아는 수치심을 느끼지 않는 것처럼 행동함으로써 수치심을 부인한다. 반항아는 수치심 때문에 고통을 당하는 것이 싫어서 오히려 더 나쁜 행동을 해서 그것을 부정하려고 하는 것이다. 결국 반항아는 부모가 가지고 있던 중독증에 자신도 빠지는 것으로 가족에게 복수한다.

성자(聖者, Saint)

성자들은 가족들의 기대에 의하여 종교적인 직업에 종사하도록 무언의 지시를 받는다. 성자들은 그들이 다른 재능과 능력을 가지고 있더라도 가족들의 기대로 인하여 그 재능과 능력을 사장해 버리고, 가족들의 기대에 부응하여 성직자의 길을 가게 된다. 《아무도 말하지 않는 죄》의 저자인 마크 레이저는 이런 성직자를 다음과 같이 말하고 있다. "그는 하나님의 부르심이 아니라 가족들의 부름을 받아 성직자가 된 사람이다."

우리나라에는 이런 목회자가 너무나 많다. 남들이 보기에는 성공한 목회자인데 그 자신은 늘 회의와 좌절감으로 고통을 받는 이가 있다. 어떤 중형 교회 목사는 운명 직전에 장로님들에게 "나는 실은 예수를 믿지 않는다. 그러나 장로님들은 잘 믿으십시오."라고 말을 하면서 숨을 거두었다고 한다. 가족의 부름에 의하여 목사가 된 이의 비참한 종말인 것이다.

이와 같이 우리들은 자라면서 가정에서 여러 가지 역할을 감당하면서 성장하였다. 보통의 가정은 복합적인 역할을 수행하기도 한다. 특히 실행가와 자칭 전능자의 역할은 자주 병행된다. 이들은 혼자서 모든 가족의 기능을 수행해 버리기 때문에 가족들은 그 역할을 수행할 필요를 느끼지 못한다.

성자는 영웅이나 어린 왕자(공주)와 곧잘 제휴한다. 성자는 어린 시절에 교회에서 어린 왕자(공주)의 역할을 수행하면서 성자로서의 역할을 습득해 간다.

  보통 사람들은 성인이 되어서 가정을 떠난 이후에도 계속 자신의 역할을 수행하면서 살아간다. 직장에서 자신이 일하는 모습을 보면 가족들과 관계했던 것과 비슷한 방식으로 동료와 상사를 대하는 있는 자신을 발견할 것이다. 이 역할은 배우자를 선택하는 데에도 많은 영향을 미친다. 예를 들면 영웅은 실행가나 자칭 전능자와 결혼하기를 원하는 경우가 많다. 그 이유는 영웅이 활발하게 활동을 하면서 박수갈채를 받을 때에 뒷수습을 불평 없이 해 줄 수 있기 때문이다.

여덟째, 정해진 규칙이 없다.

  정해진 규칙이 없다는 것은 똑같은 상황인데도 어떤 때는 받아들여지다가, 어떤 때는 거부되고 비난을 받는 경우를 말한다. 예를 들어서 친구들과 놀다가 잘못해서 화분을 깨트렸을 때, 어느 때는 "괜찮아, 놀다보면 그럴 수도 있지." 하며 대수롭지 않게 말을 하다가, 어느 때는 "이런 멍청한 놈! 애가 왜 하는 일마다 칠칠맞아. 너 오늘 저녁 굶어."라고 말하는 것이다.

  이렇게 똑같은 상황인데도 부모의 기분에 따라서 예측할 수 없는 반응이 되풀이된다면, 자녀들은 어떠한 사건을 겪을 때에 어떻게 대처해야 할지 몰라서 혼란을 겪게 된다. 더 나아가서 자신이 느끼는 감정도 정당한 것인지 아닌지를 알 수가 없게 되는 감정의 혼란을 겪게 되는 것이다.

아홉째, 외부 세계에 닫혀 있고 비밀이 많다

  역기능 가정은 대체로 항상 같은 모습을 고수하기를 고집하며 변화에 대해 저항한다. 또한 가족의 비밀을 외부에 노출하기를 싫어하며 숨겨진 고통과 학대를 지니고 있다. 이미지 관리에 신경을 많이 쓰기 때문에 문제가 발생해도 외부에 도움을 요청하지 않고 좋은 모습만 보이려고 한다.

아버지가 만취하여 술주정을 하면 정상적인 가정에서는 아버지가 술에서 깨어났을 때, 아버지의 잘못된 행동을 지적하며 해결책을 찾을 것이다. 그러나 역기능 가정에서는 술주정을 넘어서 폭력을 행사하며 추태를 보여도 마치 아무 일도 없었던 것처럼 넘어간다. 피해를 당한 식구들은 정서적 회로차단기를 내리고 아무 것도 느끼지 않는 것이다. 이렇게 억눌린 감정은 나중에 부정적인 문제를 낳게 되는 것이다.

열 번째, 더럽고 치사한 싸움을 한다.
역기능 가정은 일반 가정에 비해 서로의 말이나 주장을 잘 경청하지 않으면서 '너는 항상' '너는 절대로'와 같은 단정적인 표현을 많이 사용하고, 분노를 터트리거나 침묵하는 방법을 사용해 대화를 회피한다.

또한 교묘하고 알아채기 어려운 간접적인 화, 놀리기, 잊어버리기, 까다롭게 굴기, 늑장 부리기, 일을 어렵게 만들기, 비협조적으로 행동하는 등 공격적인 의사표현을 많이 한다. 그리고 상대에게 '바보, 병신', '멍청하다'는 식으로 꼬리표를 붙이는 말을 많이 한다. 이들은 상대방의 감정에 둔감하고 과거를 파헤치고 의심하는 증상이 있다. 갈등이 생길 때, 자녀나 성관계를 무기로 사용하는 치사함이 있다.

열한 번째, 자녀들에게 올바른 양육을 제공하지 못한다.

자녀들은 가정에서 신체적, 정서적, 영적인 필요가 채워져야 건강한 성인으로 성장할 수 있다. 신체적 필요를 채우기 위해서는 놀 수 있고 쉴 수 있는 자신만의 공간이 필요하고, 충분한 영양을 섭취할 수 있는 음식이 있어야 하며, 입고 지낼 수 있는 충분한 의복이 있어야 한다. 또한 아플 때 병원에 갈 수 있고 위생과 건강에 관한 필요가 충족되어야 한다.

정서적인 필요가 채워지기 위해서 아이들에게는 그들의 감정을 확인받을 필요가 있다. 학교를 마치고 집에 왔을 때 따뜻하게 맞아줄 부모가 있어야 하며, 상처를 받았을 때 격려하고 위로해줄 사람이 있어야 한다. 가정에서 자녀들의 의사가 존중되어야 하며 항상 부모님이 자신을 지켜줄 것을 확신되어야 한다. 또한 애정표현이 자연스럽게 이루어져야 하며 옳고 잘못된 것과 호기심에 대한 적절한 배움이 있어야 한다.

영적인 필요가 채워지기 위해서는 하나님과 내세에 대한 성경적인 가르침과 부모님들의 신실한 신앙의 모습을 보고 배워야 한다.

위와 같이 자녀들의 신체적, 정서적, 영적인 필요가 채워질 때, 자녀들은 자존감이 높은 건강한 성인으로 성장하게 되는 것이다.

그런데 역기능 가정에서는 자녀들의 이런 필요들이 적절하게 채워지지 않는다. 적절한 필요가 채워지기는 고사하고 오히려 자녀들의 신선한 놀라운 능력들이 파괴되고 낮은 자존감을 형성하게 만드는 것이다. 그런데 역기능 가정의 부모들은 이런 사실을 모르고 있다는 것이다. 그들은 자녀들에게 "내가 너에게 못해 준 것이 무엇이냐?"고 오히려 되묻는다.

3장

The healing of bruised self-esteem

심리사회적 아동 발달 관계
(성장과정별 단계)

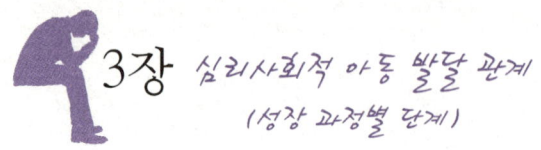

3장 심리사회적 아동 발달 관계
(성장 과정별 단계)

　이 단락에서는 당신의 성장발달 단계에서 언제 상처를 받았고 부정적인 사고방식이 침입하여, 당신으로 하여금 낮은 자존감이 형성하게 되었는지를 살펴보기로 하겠다.
　보통 고통스러운 기억들은 잘 기억이 나지 않는다. 그 이유는 그때 받았던 상처가 너무나 고통스러워 자신도 모르는 사이에 그것을 차단하고 생각나지 않는 기억으로 만들었기 때문이다. 그것은 마치 정서적으로 퓨즈가 끊어진 것과 같다.
　퓨즈가 끊어지면 전기불이 들어오지 않듯이, 숨겨진 기억을 찾아서 치유하지 않으면 계속적으로 대인관계나 가정생활, 심지어 하나님과의 관계도 원만하지 않을 것이다. 그러므로 끊어진 기억의 퓨즈를 다시 연결하고 숨겨진 상처는 반드시 치유를 하여야 한다. 그래야 낮은 자존감의 원인을 제거할 수 있다.
　자, 그럼 지금부터 문제점의 원인을 파악하기 위해서는 성령님의 도우심으로 태아기부터 청소년기까지 심리사회적 발달 단계를 세밀하게 살펴보자. 먼저 태아기부터 시작해 보기로 하자.

1. 태아기

자존감에 상처를 받은 사람 중에는 태아기 때부터 상처를 받은 사람이 많다. 태아기는 아주 중요한 시기이다. 그래서 우리 조상들은 태교를 중요시 하였던 것이다. 그 이유는 모태에서 경험한 사건이나 언어들이 어른이 된 후에도 그 사람의 사고와 행동에 영향을 주기 때문이다. 예를 들면, 살 것인가 죽을 것인가를 놓고 늘 갈등하며 삶을 회의하는 것, 아무도 믿지 못하고 사랑 자체를 부인하는 것, 자신이 가치 없는 존재라고 느끼는 절망감, 한시도 가만히 있지 못하는 근심 장애, 주의 사람들과 친밀한 관계를 형성하지 못하는 자폐적인 행동양식, 이 세상 어디에도 속할 곳이 없다는 불안정한 마음 등이다. 이런 부정적인 사고가 태속에 있을 때 이미 형성된 것이라고 한다.

태아는 지금까지 알려진 것보다 더 감수성이 예민하고 주위 변화에 민감하며 상호 활동적이라고 한다. 태아는 몇 주나 몇 달밖에 안 되어도 모태의 환경에 예민하다. 임신 후기, 특히 6~7개월에 접어들면 외부 소리에 직접 반응할 수 있다. 토마스와 켈리 버니(Thomas and Kelly Verney)는 다음과 같은 연구 결과를 발표하였다.

* 태아는 듣고, 경험하고, 맛을 느낄 수 있으며 원시적인 수준으로 감정을 느끼고 학습한다.
* 태아가 느끼고 지각하는 것이 그의 태도와 기대를 형성한다.

* 엄마의 태도가 특히 중요하다. 엄마가 만성적으로 불안감을 느끼는 경우는 태아에게 깊은 상처를 남길 수 있으며, 기쁨과 고조감, 출산에 대한 기대감은 태아의 정서적 발달에 긍정적인 도움을 줄 수 있다.
* 아내와 태아를 대하는 아빠의 태도 또한 중요하다.

태아가 느끼고 감정을 표현한다는 것은 성경에서도 찾아 볼 수 있다. 누가복음 1장에서 예수님을 임신한 마리아는 자신보다 빨리 임신한 엘리사벳을 방문하였다. 이때 엘리사벳의 복중에 있는 세례 요한은 복중에서 기뻐서 뛰놀았다고 증언하고 있다.

"엘리사벳이 마리아의 문안함을 들으매 아이가 복중에서 뛰노는지라 엘리사벳이 성령의 충만함을 받아 큰소리로 불러 이르되 여자 중에 네가 복이 있으며 네 태중의 아이도 복이 있도다 … 보라 네 문안하는 소리가 내 귀에 들릴 때에 아이가 내 복중에서 기쁨으로 뛰놀았도다"(눅 1:41-42, 44).

태아에게 가장 영향을 미치는 것은 두말 할 것 없이 엄마와 아빠이다. 그들의 생각과 감정에 태아는 직접적인 영향을 받는다. 태아는 엄마 아빠와 긍정적인 유대감을 형성해야 건강하게 성장할 수 있다.

아기를 임신한 엄마는 좋은 음식을 먹으면서 태아에게 "아가야, 잘 먹고 튼튼하게 잘 자라라. 엄마는 너를 소중하고 귀한 하나님의 선물로 생각하고 사랑한단다." 하는 메시지를 전달해야 한다. 그래야 태아는 심신이 건강한 아기로 성장한다. 태아는 스트레스를 받거나 엄마의 관심을 끌고 싶으면 엄마의 배를 차서 자신의 의사를 전달하려 한다. 이때 엄마가 배를 쓰다듬어 주거나 태아에게 부드러운 목소리로 이야기를 하거나 노래를 불러주면 엄마와 태아 사이에는 유대감이 형성되며 연결고리도 튼튼해지고 태아는 자신의 존재 가치를 느끼며 하나님이 의도하는 대로 건강하게 자란다.

태아는 완벽한 인격체이며 인생 전체에서 매우 중요한 시기이다. 그래서 우리의 선조들은 태교에 온 심혈을 기울였던 것이다. 이때에 부모는 태아를 위해서 기도를 하고 성경을 읽어 주며 태아가 하나님의 계획과 축복 속에서 하나님의 꿈과 비전을 이루기 위해서 창조되었음을 이야기해 주면 태아는 몸과 마음만 성장하는 것이 아니라 견고한 영성도 형성하게 된다.

그런데 태아 때 상처를 받으면 성인이 되어서 많은 부정적인 문제를 가지게 된다. 이를테면 원치 않았던 임신, 혼외정사를 통한 임신, 강간이나 근친상간을 통한 임신, 가학적이거나 변태적인 관계를 통한 임신을 했을 경우에 여성들은 두려움과 죄책감 또는 수치심에 사로잡혀 엄청난 스트레스를 받는다. 그러면 태아는 엄마의 스트레스를 감지하고는 "내가 엄마에게 고통을 주고 있어."라고 생각을 한다. 그래서 자신의 가치를 하찮게 생각하거나 자신의 존재 자체를 수치스럽게 생각하는 것이다. 이렇게 낮은 자존감은 태아기 때부터 생길 수 있다.

태아 때 자존감에 상처를 받고 성인이 되면 다음과 같은 문제가 발생할 수 있다. 자폐적 행동, 거절의 문제, 다른 사람들에게 지나치게 인정을 받으려고 함, 수치심과 우울증이다.

특히 원치 않는 임신으로 부모에게 사랑을 받지 못하고 거부를 경험한 경우에는 성인이 되었을 때 남의 눈치를 살피며 그들에게 인정을 받으려고 지나치게 노력을 하게 된다. 이런 사람은 성공하기 위해서 수단방법을 가리지 않게 된다. 성공해야만 남에게 인정받을 수 있다고 생각하기 때문이다. 또한 자신의 존재 자체에 대해서 수치심을 가지고 있기 때문에 수치심을 감추기 위해서 완벽주의 가면을 쓰거나 일중독에 빠질 수 있는 확률이 높다. 또한 우울증 기질이 내면에 형성이 되어서 성인이 되었을 때에 어떤 어려움을 겪게 되면 극복하지 못하고 우울증의 늪에 빠지게 된다. 이 우울증이 심해지면 잠재된 자살 충동을 이기지 못하고 자살을 선택하는 안타까운 사건도 일어난다.

부모가 원하지 않는 성별로 태어난 경우에는 남자아이는 여자아이의 경향을 보이고, 여자아이는 남자아이의 성격을 보이게 된다. 심해지면 성전환 수술을 하거나 동성연애자가 되기도 한다.

엄마가 유산을 하거나 낙태한 다음에 임신한 경우의 아기들은 대타(代打)가 된 것에 대한 분노심이 잠재되어 있다. 임신 중에 가정불화가 있었거나 엄마가 사랑하는 사람을 잃었거나 아버지가 떠난 경우는 자기 자신에 대한 죄책감을 가지게 된다. 또한 자살 충동과 좌절감, 알 수 없는 불안감과 분노를 자주 느끼고, 잃은 것을 보상하려는 노력을 하며 대신할 것을 지나치게 찾아다니게 된다. 임신 중에 엄마가 잘못된 성관계를 가진 경우에는 남자와 섹스에 거부감을 가지게 되거나, 반대로 문란한 성 중독자가 될 수도 있다. 이 외에도 많은 부정적인 증상들이 태아기 때 자존감에 상처를 입게 되어서 나타나게 된다.

2. 갓난아기 시기

갓난아기의 시기는 인생에서 아주 중요한 시기이다. 이때에 아기에게 어떤 영향을 주느냐에 따라서 천재도 되고 평범한 사람도 되고 바보가 되기도 하기 때문이다. 유아교육의 대가인 이탈리아의 몬테소리 여사는 아기에게는 '태생적 흡수정신'이 있어서 놀랄만한 흡수력으로 배운다고 한다. 이 시기에 적절한 교육과 사랑을 주면 어떤 아기도 천재가 될 확률이 높은 것이다. 이때의 아기들이 받아들인 정보들은 그대로 잠재의식 깊은 곳에 인식되고, 인식된 지식들은 컴퓨터와 같이 정밀하고 독자적인 사고력과 추리력을 지닌 고도의 기능을 발휘하게 된다. 그런데 부모가 무지하여 아기에게 아무런 교육적 자극도 주지 않으면 아기의 천재적인 흡수력은 상실되고 마는 것이다.

신생아 시기에는 놀라운 흡수력뿐만 아니라, 주의 환경과 양육하는 사람의 영향에 따라 자존감, 소속감, 자신감, 사고방식이나 문제 해결 능력의 기초가 형성되는 시기이기도 하다. 그러므로 신생아 시기에는 육체적인 요소인 균형 있는 음식, 안정감을 느낄 수 있는 장소 등이 필요하다. 또한 사랑과 관심, 포옹과 격려 등의 정신적인 요소와 영적인 요소 즉 기도, 말씀 듣기, 찬송가 듣기가 필요하다.

이 시기에는 내적 존재감과 외적인 존재감에 대해서 배우는 시기이다. 내적인 존재감은 먹고 소화하는 과정을 거치면서 물리적, 심리적, 영적인 상태에 대해 배우는 것이다. 이 과정이 잘 진행될 때 아기는 삶의 안정감과 건강한 자존감을 갖게 된다.

외적인 존재감은 외부 세상에 관한 모든 것을 배우는 것을 말한다. 자신의 팔, 다리, 발 등을 가지고 있음을 인식하는 데서부터 세상이 살기 좋은 곳인지 아니면 불편한 곳인지 배우기 시작하는 것이다. 이 과정은 이후에 우리 자신과 다른 사람들 사이의 경계선을 이해하고 구별하는 근간이 된다. 이 시기에 찬양을 들려주고 성경 이야기를 해 주면 아이의 사고력과 언어감각이 뛰어날 뿐만 아니라, 성인이 되었을 때 다윗처럼 하나님과 마음이 합한 좋은 친구가 될 수 있다.

이 시기는 엄마와 아이가 상호 공생적인 관계를 갖는다. 공생이란, 기본적으로 다른 개체가 상호 도움이 되는 관계를 맺고 서로 의지하는 생물학적인 용어이다. 이러한 관계는 서로의 필요를 채워 주고 나누는 것을 의미한다. 이 시기에는 부모들이 다음과 같은 점을 주의하여야 한다.

첫째, 아기가 있는 방에는 TV를 켜지 않는다.

아기 두뇌의 기본 틀은 생후 6개월이면 완성된다고 한다. 기본 틀이 완성된 후 3세까지 60%정도의 뇌세포 배선 만들기가 완료되는 것이다. 그러므로 이 시기는 아주 중요한 시기이다.

비교행동학자인 로렌스는 인간뿐만 아니라 모든 동물들은 태어난 직후의 학습에는 각인현상이 나타난다고 하였다. 그래서 오리는 생후 처음으로 눈에 보이는 움직이는 물체라면 무엇이든지 부모로 인식하고 따라가는 것이다. 오리의 이런 현상은 아기들에게도 나타날 수 있다.

갓난아기는 생후 1개월 15일 정도면 귀가 트이고 사물을 인식하게 된다. 그런데 이 때 아기에게 TV를 보여 주면 아기의 두뇌에 TV가 각인이 되는 것이다. TV가 각인이 된 아기는 엄마의 목소리뿐만 아니라 이야기를 해주거나 노래를 불러주어도 반응을 보이지 않게 된다. 심지어 엄마와 눈도 마주치지 않으려고 한다. 이러한 아기는 2~3세가 되어도 말을 잘 하지 못하거나 하지 않게 된다. TV는 일방적으로 전달하기만 할 뿐 서로 대화할 수 없기 때문에 언어 발달이 늦어지는 것이다.

갓난아기에게 TV를 보여주면 안 되는 또 다른 이유는 아기의 대뇌구조가 파괴되기 때문이다. 이는 오스트레일리아 국립대학 교수진들이 연구 발표한 것이다. TV에서는 2만 볼트의 고압전류가 방사되는 음극선이 나온다. 이 음극선은 인간의 전두엽을 공격하여 파괴하고 나중에는 백혈병의 원인이 된다고 한다. 《TV에게 아이를 맡기지 말라》의 저자 이와사 교코는 TV가 자폐증의 원인이 된다고 하였다.

TV에 각인이 된 아기는 나중에 기계종류를 좋아하고 조작하는 기능은 빨리 습득한다. 그러나 대다수가 부정적인 영향이 강하다. TV에 중독이 된 아이는 동작이 거칠고 산만하다. 그리고 뭔가를 스스로 하지 못하며, 위험하고 나쁜 것이 뭔지 깨닫지 못하게 된다.

2006년 해바라기 아동센터에 접수된 아동 성폭력 645건 가운데 232건이 가해자가 미성년자였고, 그 중 159건은 가해자가 13세 이하의 아동이었다고 한다. 지금은 그 통계가 배로 늘어났을 것이다. 이런 현상은 TV가 아기들은 키운 결과들인 것이다. 심리학자들은 TV는 이제 '바보상자'가 아닌 '흡혈상자'라고 부르고 있다. 그러므로 할 수만 있으면 TV를 보여주지 말라. 특히 3세 전에는 아주 해롭다는 것을 명심해야 한다.

요즘 아이들은 구세대 사람들보다 잔재주는 많을지 모르지만 인간의 내면적인 철학 및 사상적인 깊이가 부족하다. 그래서 기계문화에 길들어진 사람은 마음이 허하다. 또한 자존감이 낮다. 낮은 자존감을 가지고 있기 때문에 내면적인 안정감과 정체성이 약해서 자신의 생각과 주관이 없다. 그래서 이들은 항상 주위 사람과 주위 환경을 의식하는 사람이 된다. 당신의 아기가 이런 사람이 되기 원하면 항상 TV를 켜 놔라.

둘째, 아기의 울음에 지혜롭게 대처를 해야 한다.
아기는 울음을 통하여 자기의 의사를 전달한다. 아기는 자기의 울음에 사람들이 어떤 반응을 보이는지에 따라 자기의 존재의 가치를 결정한다. 그래서 부모들은 아기의 울음에 지혜롭게 반응을 보여야 한다. 이 시기에는 엄마뿐만 아니라 아빠의 역할도 중요하다. 연구 결과에 의하면 아빠가 아기와 언어로 교류하는 시간이 하루에 평균 약 37초밖에 되지 않았다고 한다. 이렇게 아빠와 접촉이 적은 아기들은 성인이 되어서 하나님도 너무 바쁘셔서 자신과 교제를 나눌 수 없는 분으로 알게 될 확률이 높다고 한다. 그래서 이런 사람들은 인생의 어려운 문제가 생겨도 하나님께 기도를 하지 않는다.

전문가에 의하면 분노는 생후 3개월 동안에 심어진 느낌에서 시작된다고 한다. 아기가 무엇인가 필요할 때 울음소리를 내어 의사를 전달한다. 그런데 아무도 나타나지 않거나 반응을 보이지 않으면 울음소리를 한층 더 높임으로써 자신의 필요에 대한 느낌이나 감정이 고조되어 있음을 알린다. 그래도 아무런 조치가 없으면 아기는 자기에게 관심을 가져 달라는 의도로 격앙된 울음소리와 함께 소리를 지르기 시작한다. 이쯤 되면 이제 생존이 걸린 문제가 된다. 부모의 무반응은 아기의 존재의 위협으로 다가온다. 따라서 아기는 생존하지 못할 수 있다는 두려움을 느끼며 할 수 있는 모든 방법으로 자기의 의사를 표현하려 한다.

이런 아기가 성인이 되면 분노를 잘 폭발하는 성격이 되기가 쉽다. 분노가 내재되어 있는 사람은 평소에는 차분하고 별 말이 없다가도 좌절하거나 어떤 특정한 상황이나 말을 들으면 갑자기 절제하지 못하고 폭력적인 모습으로 돌변한다.

이런 사람이 치유를 받으려면 주님의 임재 안에서 그들 기억 속의 과거, 즉 두려움과 분노로 가득 차 마구 소리를 질러댔을 때로 돌아가야 한다. 예수님께서 울고 있는 아기에게 다정하고 조건 없는 사랑을 베푸는 것을 경험하면 이런 폭발적인 분노는 치유를 받게 된다. 이렇듯 부모는 아기의 울음소리에 지혜롭고 신속하게 반응을 보여야 한다.

또한 신생아때 필요했던 것들을 공급받지 못하면 나중에 엄마가 되어서도 자기 아이의 필요를 채워 주는 일을 힘겨워하게 된다. 부모는 자신이 상처를 입었던 그 나이가 된 자녀들에게 비슷한 종류의 상처를 입히는 경향이 있다. 이것이 심고 거두는 법칙이다(갈 6:7).

엄마가 아기의 필요를 거부하거나 둔감하여 그 필요를 제대로 채워 주지 못할 때, 아기는 상처를 입고 어른이 되어서도 유아 시절의 필요를 채워 줄 관계를 맺기 위해 끊임없이 애쓰게 되는 것이다.

셋째, 아기를 방치하면 안 된다.
어떤 부모는 아이를 안아주거나 업어주면 응석만 느니까 되도록 이면 아기를 안아주거나 업어주지 말아야 한다고 주장하는 분도 있다. 또 아이에게 독립심을 키워주기 위해서 잠도 따로 재우는 것이 좋다고 주장한다. 그런데 이것은 대단히 잘못된 생각이다.

갓난아기에게는 피부접촉이 생명이다. 아기가 우유를 먹지 않고, 먹어도 토하고, 변이 묽어지는 증상은 엄마와의 피부접촉이 부족해서 생기는 심리적인 증상이다. 또 갓난아기 때 충분한 피부접촉을 경험하지 못한 아이들은 커가면서도 엄마에게 달라붙어서 떨어지지 않으려고 하는 증상을 보인다. 이것은 갓난아기였을 때 엄마에게 안기고 싶은 기분을 충분히 만족을 느끼지 못했기 때문에 나타나는 병적인 증상인 것이다.

이런 아이들은 청소년기에 문제 행동을 하게 되며 성인이 되어서도 대인관계와 의사소통에 커다란 결함을 지닌 사람이 된다. 그러므로 이때에는 아기를 다른 사람에게 맡기지 말아야 하며 충분한 피부접촉을 해 주어야 한다.

넷째, 아기가 독립된 하나의 인격체라는 것을 명심해야 한다.

엄마는 아기를 양육하면서 아기를 통하여 자신이 부족한 점을 채우려고 하거나 자신의 꿈을 성취시키려는 도구로 사용하면 안 된다. 엄마가 자신의 존재 가치를 아기에게 의존하여 찾으려 한다면 아기가 자라고 성숙해 가는데도 보호자 역할을 포기하지 못할 것이다. 그러면 자녀가 철이 들고 독립심을 갖게 되는 것을 억제할 수 있다. 그러면 아기는 성인이 되어서도 늘 미성숙한 어른으로 살아가게 되며 어른이 되어서도 참된 자유를 누리지 못하게 된다.

결혼을 해서도 배우자보다는 엄마를 더 의지하게 되고 늘 엄마의 통제를 받고자 하는 성인 아이가 되는 것이다. 이런 문제 때문에 결혼생활이 깨지고 이혼하는 가정이 우리나라에도 허다하다.

다섯째, 수유를 시간을 정해서 하는 것보다 아기가 원할 때 주는 것이 좋다.

엄마의 편의를 위해 아무렇게나 시간을 정해서 수유를 하면 절대 안 된다. 엄마가 네 시간마다 먹이겠다고 일정을 정해도 실제로 아기는 3시간이 지나면 허기를 느낄 수 있다. 그러면 아기는 자신의 필요를 알리기 위해서 다음 젖 먹는 시간까지 한 시간 정도 울어 댈 것이다.

이러한 상황이 반복되면 아기는 사람들이 자신의 필요나 느낌을 대수롭지 않게 여기며 신경 쓰지 않는다고 인식하게 된다. 아기가 성인이 되면 다른 사람이 자신을 통제하고 있다는 느낌을 가지게 되고 수동적인 자세로 인생을 살게 된다. 또한 자신의 느낌과 아이디어를 내놓지 못하고 설사 용기를 내서 자신의 주장을 표현했다고 해도 누군가 큰 소리를 내면 이내 자신의 주장을 철회하고 만다. 그래서 문제를 다루는 방법도 미숙할 뿐만 아니라 무책임하게 방관하게 된다. 이렇게 수유시간은 한 사람의 성격에 엄청난 영향을 행사하게 된다.

소화를 빨리 시키는 아기가 있는 반면에 소화를 늦게 시키는 아기도 있다. 세 시간마다 수유 일정이 잡혔는데 실제로는 4시간 후에나 배가 고픈 경우이다. 이런 때는 아기가 배고픈 고통을 경험할 겨를이 없다. 이런 아기가 후에 어른이 되었을 때 그들은 자신의 느낌을 정확히 진단하지 못하며, 삶의 쟁점들과 문제들에 적절히 반응하지 못한다고 한다. 이런 사람은 눈앞에 닥친 문제들을 무시함으로써 자신뿐만 아니라 사랑하는 주위 사람들을 다치게 하는 경우도 생긴다. 그러므로 가장 좋은 수유 시간은 아기들이 요구할 때 먹이는 것이 좋다. 그럴때 아기는 내면의 필요를 깨닫고 그것을 어떻게 충족시킬 것인가를 배우고 경험한다.

3. 생후 6~18개월

아기는 1~2세 시기에 적절한 교육만 시키면 어떤 아이이든 천재로 만들 수 있다고 한다. 이것은 하나님께서 사람을 하나님의 형상으로 창조하셨기 때문에 생긴 능력이다. 그렇지만 이 신비한 능력은 아기시절에 적절한 양육을 하지 않으면 급격히 사라진다. 보통의 엄마들은 이 시기의 아기들에게는 음악을 들려주는 일 외에는 그다지 해줄 것이 없다고 생각한다. 그러나 이것은 아주 잘못 알고 있는 것이다.

이 시기에는 다양하고 재미있는 체험을 통해 아기의 오감을 발달시켜주어야 한다. 이 시기의 엄마들은 끊임없이 아기와 이야기를 해야 한다. 주위에는 자유롭게 만질 수 있는 장난감과 동화책을 많이 놔주고 사랑이 많은 사람들을 많이 접촉하게 해 주는 것도 아기의 능력을 배가시킬 것이다. 학자들에 따라서 주장하는 것이 다르지만, 어떤 학자는 1세 무렵에 영어 테이프를 들려주는 것이 좋다고 주장하기도 한다. 그 이유는 아기의 이 시기는 수용능력이 최고로 뛰어나기 때문에 아무리 복잡한 것이라도 그대로 하나의 패턴으로서 잠재의식 속에 수용하기 때문이라고 한다. 영어 동화테이프를 들려주는 경우에는 아기에게 암기시키려는 의도가 아닌, 그냥 무의식에 입력되도록 들려주는 것이 좋을 것 같다.

이 시기는 젖을 떼고 이유식을 시작하는 시기이며, 기기 시작한다. 이때가 자발성과 표현능력, 독립성, 창조성이 발달하는 시기인 것이다. 또한 몸의 신경계와 근육의 공동 작업이 가장 빠르게 계발되는 시기이다. 이 시기의 아이는 실험하는 욕구가 있고, 박진감과 놀라움이 넘치는 주변 세상을 탐색하려는 본능으로 가득하다. 이 시기에 아이들은 어떤 일에 동기를 가지거나 새로운 일들을 시도하며, 자기를 발전시키고, 사물의 개념에 눈을 뜨고, 몸을 움직여 그것을 직접 만져 보며 성장한다. 이 시기는 훗날 생각하고 배우며 문제 해결 능력을 계발하는 데 필요한 기초를 쌓고, 공간적, 개념적인 관계를 형성하는 중요한 때다. 그러므로 청결 유지보다 무조건적인 사랑을 베풀어야 한다. 그렇지 않으면 나중에 여러 가지 정신증과 기타 많은 문제들이 이 시기에서 비롯된다.

부모는 아이의 시도를 허용하고 보호해 주어야 건강한 탐구 정신을 격려하며 북돋아 줄 수 있다. 아기에게 많은 자극을 주되 욕심은 부리지 말라. 아이에게 너무 많은 것을 바라는 마음에 부모의 기대치에 못 미친다고 꾸짖고 통제하면 아이들은 마음에 상처를 받아서 주눅이 든 아이가 된다. 불만이 누적되면 불만이 다른 쪽으로 배출되어서 다른 아이들에게 난폭하게 구는 아이로 자랄 수도 있다.

이때의 아기들에게는 신문지 같은 것을 주어서 마음대로 찢게 해 준다거나, 아기의 손에 닿는 부분은 지난 달력이나 흰 백지를 붙여놓고 아기가 자유롭게 낙서를 하게 하는 것이 좋다. 아이들의 발달 상황을 잘 이해하지 못하는 부모들은 다음과 같은 명령들을 해서 아기들의 마음을 다치게 한다.

"안 돼!"
"그만 어지럽혀!"
"만지지 마!"

"더럽잖아!"

이런 명령을 많이 하는 부모들은 아이가 물건을 부수거나 부상을 당할까봐 걱정되는 마음 때문일 것이다. 다른 사람들의 시선을 의식하는 부모들은 다른 사람들이 아이를 버릇없이 막 키운다는 말을 하는 것이 두려워서 아이에게 부정적인 명령을 하는 경우도 있다. 이런 부모들은 아이를 지나치게 훈련하거나 억제하고 벌로 그들의 행동을 고치려 한다.

부모가 아이를 조종하고 통제하며 과잉보호하느라 행동이나 활동을 억제하면, 아이는 공간적인 관계를 효과적으로 이해하고 깨닫는 기술을 습득하지 못한다. 그 결과 무언가를 배우거나 문제를 해결할 수 있는 능력이 결핍되고 산만한 아이가 되는 원인이 된다. 결국 아이는 주의력 결여 장애(Attention Deficit Disorder)로 이어진다. 이런 아이가 성인이 되면 다음과 같은 문제 증상이 나타날 수 있다.

* 말더듬, 수동성, 과잉적응, 불신
* 비기동성, 즉 새로운 일을 시도하는 것을 두려워하거나 동기 부여를 하지 못해 고생을 하게 됨
* 하나님의 음성을 듣는 것이 힘들고, 하나님의 선한 인도하심을 감지하기가 어려움
* 자신의 느낌이나 감정이 어떠한지 분간하기가 어려움
* 자신의 필요에는 신경을 쓰지 않고 다른 사람들을 기쁘게 하는 데 몰두하게 됨
* 다른 사람들에게 자주 이용을 당하고 매사에 무기력하고 의욕이 없음

* 사람들에게 거부당하거나 버려질지 모른다는 두려움이 있음
* 자신의 행동이나 일의 결과에 대해 책임을 지지 못하고 변명을 한다.
* 스스로 책임감을 가지고 자신의 행동을 고치려 하기보다 다른 사람들이 지적해 주기를 기대한다.

4. 생후 18개월에서 24개월

이때의 아이는 흔히 '지향기의 아기'라고 부른다. 이 시기의 아기의 특징은 부모로부터 벗어나 자립하고, 자발적으로 행동하려고 하고 사고는 급속하게 발달한다. 또한 엄마와 분리되어 별개의 개체가 되는 시기이기 때문에 가장 역동적인 발달 단계라고 볼 수 있다. 이때의 아기는 아직 미숙한 것이 많다. 기저귀를 떼지 못한 아이도 있다. 그러나 갓난아기의 반경에서 벗어나 넓은 놀이터로 나갈 갓난아기에서 유아로의 전환기이다.

이때의 아이는 자신이 습득한 지식으로 머릿속으로 생각하는 것은 가능한데, 행동으로는 제약을 받는다는 것이다. 예를 들면 빨리 달리는 것은 가능한데 자세가 넘어질 것처럼 불안정하고 재빨리 멈춰서지도 못하고, 도는 것은 하지 못한다. 이 때 부모가 아이에게 불쾌한 감정을 실어서 야단을 치면 아이는 자신이 무가치하게 느껴지고 사물을 부정적으로 대하게 되며 자존감에 상처를 받아서 낮은 자존감을 갖게 되는 것이다.

아이의 자존감에 상처를 주지 않기 위해서는 아기가 하는 일을 인정하고 자주 칭찬을 해서 자신감을 높여주어야 한다. 아이를 특별

하게 키우기는 원하는 부모는 이때의 아이에게 글자공부와 외국어를 가르치는 것도 좋다. 글자를 익히면 뇌세포에 기억분자인 RNA라는 뇌 속 물질이 늘어나 글자를 익히지 않은 아기의 뇌와는 질적으로 달라진다. 뇌에 장애를 가지고 있는 아기에게 이때부터 글자를 가르쳤더니 초등학교에 들어가서 반에서 1등을 한 예도 있다. 그러나 5세가 지난 뇌 장애아에게 글자를 가르친다면 이런 결과는 나오지 않았을 것이다.

조기 교육의 선구자인 독일의 뮌헨 대학의 뤼켈트 교수는 "아기의 읽고 쓰는 교육은 5, 6세보다는 2, 3세경부터가 효과적이다. 5, 6세 아이들은 문자에 대한 관심이 엷어지고 문자를 익히는 능력 자체가 낮아져 교육시키기가 매우 어렵다."라고 말했다. 아기가 빨리 글을 익히면 그만큼 아기는 뛰어난 인물이 될 것이다.

글자읽기의 방법은 그림과 글자 맞추기 놀이가 좋다. 주의할 점은 아이가 싫증을 느끼지 않도록 조금씩 지속적으로 해야 한다는 것이다. 아이가 지겨워하지 않고 재미있는 놀이로 인식하도록 한 번에 5분 정도가 적당하다. 그리고 아이가 글자 놀이를 즐거워하면 조금씩 시간을 늘리는 것이 현명하다.

너무 어린 나이에 외국어를 공부시키면 모국어도 늦어진다고 주장하는 학자도 있다. 그러나 이 시기는 외국어를 억지로 외우는 것이 아니라, 심층의식에 그냥 스며드는 것이다. 이때의 아기들은 미세한 발음 차이나 복잡한 언어 체계를 이해하는 천재적인 능력이 있다. 이런 능력은 시간이 지날수록 소멸된다. 그래서 어른이 된 후에 외국어를 공부하기가 어려운 것이다.

스턴이라는 학자는 조기 외국어 교육에 대해서 다음과 같이 말했다. "모국어 습득의 시기와 겹쳐 외국어를 가르치면 외국어를 모국어와 같은 방법으로 습득할 수 있다." 스턴의 말은 뇌 생리학 이론에서 볼 때에도 맞는 말이라고 한다. 어떤 사람들은 평생을 공부해야 되는데 너무 일찍 아이를 혹사시킬 필요가 있느냐고 주장한다. 그런 사람은 아기를 그냥 놀게 하라. 그러나 인간의 뇌는 3세에 이미 60퍼센트가 완성된다는 것을 명심해야 한다. 이때에 아기는 평생을 가지고 살 두뇌세포와 배선이 만들어지는 것이다.

당신이 기억력, 이해력, 창조력이 부족한 사람이라면 당신의 부모가 이 시기에 당신에게 적절한 교육을 시키지 않았기 때문이다. 당신도 이 시기에 적절한 교육을 받았다면 천재적인 능력을 가진 사람이 되었을 것이다.

외국어 교육은 아기에게 억지로 암기시키려고 할 필요가 없다. 그냥 외국어도 한글놀이를 하듯이, 아니면 외국 동요나 자장가를 불러주고, 아이가 놀고 있을 때 테이프나 CD를 틀어놓는 것이 도움이 된다. 그러나 너무 장시간은 금물이다.

아이를 교육시킨다고 어떤 엄마들은 하루 종일 TV와 녹음테이프를 틀어놓는 경우가 있다. 앞에서 TV의 위험성을 말한바 있지만, 다시 한 번 집고 넘어가야겠다. 기계음에 익숙해진 아이들은 다른 사람과 의사소통을 원활하게 하지 못하는 문제아가 될 가능성이 많다는 보고서가 있다. 다른 사람과는 대화를 하지 못하고 혼자서 중얼중얼 혼잣말을 하는 아이가 되는 것이다.

5. 생후 24개월(만 2살)

만 2세가 된 아기는 부모에게서 벗어나 무엇이든지 자신이 하고자 하는 자립기에 들어서게 된다. 이때의 아이는 학습의욕과 활동성이 넘쳐서 잠시도 가만히 있지 못한다. 이때 부모는 아이의 의욕을 꺾지 말고 격려해야 한다. 이때의 아이들이 부산스럽다고 마음껏 움직이지 못하게 하면 적극성을 키우지 못해서 소극적인 성격의 소유자가 되며 탐구심이 부족한 나태한 아이가 될 수 있다.

이때의 아이는 사물을 인식하고 간단한 문제를 해결할 수 있기 때문에 자신의 태도에 어느 정도 책임을 져야 하는 시기이기도 하다. 자기중심적인 사고에서 벗어나 사회성, 즉 자신이 가진 것을 나누며 다른 이들과 서로 협동하며 사회 속에서 함께 살아가는 법을 배우기 시작하는 때가 바로 이 때이다.

이 시기의 아이들은 부모가 통제하면 화를 내고 반항하며 "싫어!"를 자주 외치며 부정적이고 반항적이며 적대감을 드러낸다. 이런 증상은 엄마에게 반항을 하는 것이 아니라, 아기가 자기의 기분을 주장하고 자기 의지를 관철시키고, 자아를 확장하는 자립의 시기이기 때문이다.

엄마는 아기가 자기 주장하는 것을 섭섭하게 생각하지 말고 한 인격체로서 아기가 독립하는 것을 잘 도와야 한다. 그러나 아기의 무분별한 언행은 수정을 해 주어야 한다. 어떤 부모들은 아이가 부모와 다른 사람에게 무례한 언행을 해도 야단을 치면 아이가 주눅이 든다고 야단을 치지 않고 그냥 방관하는 경우를 보게 된다. 이는 아이를 사랑하는 것이 아니라, 아이를 망치는 일이다.

아이를 주눅 들게 하는 것은 아이에 대해서 부정적으로 평하거나, 아이의 호기심을 막는 금지의 말들이다. 예를 들면 "우리 아이는 너무 부산해요.", "얘 손에 닿기만 해면 다 망가져요.", "어지럽히면 안 돼!", "밖에 나가서 놀면 안 돼." 등과 같은 말들은 아이의 적극성과 호기심을 앗아간다. 또한 아이를 부정적으로 평하면 그 말대로 아이는 자존감에 상처를 입게 되어 부정적으로 자라게 된다. 그래서 아이를 부정적으로 평하는 말은 하지 말아야 한다. 그런데 공공장소인 버스나 전철 안에서 시끄럽게 뛰어다닌다거나 신을 신은 채로 의자에 올라가는 것은 주의를 주어야 한다.

부모는 아이가 남을 배려할 줄 아는 건강한 사람으로 양육하기를 원하면, 아이가 너무나 제멋대로 행동을 하거나, 장난으로 남을 괴롭히거나, 거짓말을 할 때, 쓸데없이 고집을 부리며 반항을 할 때에는 그런 언행이 왜 나쁜지 설명을 한 후에 혼내주는 것이 좋다. 그래야 옳고 그른 것을 분별할 줄 아는 인격적인 사람이 되는 것이다.

아이는 이 시기에 자기감정대로 세상을 살아서는 안 되며, 분노나 성질이나 반항심으로 부모나 주변 사람들을 조종하려 들면 안 된다는 사실을 분명히 배워야 한다. 그래야 아기가 자신의 소중함뿐만 아니라 다른 사람도 존중해 주는 성숙한 인격을 갖게 되는 것이다.

이 시기에는 옳고 그른 것을 가르치는 훈련뿐만 아니라, 대소변을 가리는 훈련을 시켜야 한다. 24개월 이전에는 대소변 가리기 훈련이 역효과를 가져올 수 있지만, 24개월이 지났다면 대소변 가리기 훈련을 시작해야 할 시기이다.

배변훈련은 내부적인 충동을 외부 조건에 맞추어 조절하는 훈련이다. 이것이야말로 감정과 사고와 행위가 서로 조화를 이루어 문제

해결을 하는 훈련이다. 게다가 대소변 가리기 훈련은 아이들의 자발적인 협조가 반드시 필요하기 때문에 주변 상황에 맞게 자기를 조절하고 다른 이들과 협동하여 무언가를 이루어내는 방법을 배우는 것이기도 하다.

그러므로 성공적인 대소변 가리기 훈련은 효과적인 문제 해결 및 자기 절제, 충동 조절 및 자발성 등을 키울 수 있는 하나의 건강한 인격을 발달시키는 교육 과정이다.

이러한 훈련을 받지 않는다면 각각 개인의 미래에 닥칠 어떤 도전들에도 대비할 수 없게 되고, 어른이 된 이후에도 계속해서 두 살짜리의 문제들로 고통을 받게 된다. 그러므로 부모들은 이 시기의 아이들을 주님의 사랑으로 본을 보이며 잘 양육해야 한다.

아이들이 잘못을 저질렀을 경우에는 회초리를 사용하는 것보다 본을 보이며 이해력 있게 설득을 해야 한다. 잠언 13장 24절에 "매를 아끼는 자는 그의 자식을 미워함이라 자식을 사랑하는 자는 근실히 징계하느니라"는 말씀을 근거로 어떤 분은 자식에게 매를 때려야 한다고 주장을 한다. 그러나 여기에서 언급한 '회초리'는 우리가 생각하는 '때리는 막대기'가 아니다. NIV 스터디 성경은 매를 '사랑을 바탕으로 한 훈련'으로 해석을 하고 있다.

아이를 때리는 것은 정말 조심을 해야 한다. 어릴 때에 엄마를 화나게 했을 때 엄마가 아이를 때리면서 분을 풀었다면, 아이는 분노가 일어날 때 자기보다 더 약한 사람을 때리거나 해를 가하면서 분풀이를 해도 된다고 생각하게 된다. 그 어떤 부모도 자신의 아이가 자신보다 약한 아이를 괴롭히는 못된 아이가 되는 것을 원치 않을 것이다. 그런데 그 원인이 부모에게 있다는 것을 알아야 한다.

아이가 화를 내고 성질을 부릴 때 부모가 그것을 대수롭지 않게 생각하거나 아이의 요구를 즉시 들어 준다면 그것은 또 다른 문제를 낳는다. 이러한 경험을 통해 아이는 분을 내고 반항하고 성질을 부리면 원하는 것을 얻을 수 있음을 잘못 터득하기 때문에 성인이 되었을 때에 자신이 원하는 것을 얻기 위해서 남에게 겁을 주고 위협을 가하는 인물이 되기 쉽다. 또한 이 시기에 상처를 받았다거나, 공생을 끊지 못하면 후에 성인이 되었을 때, 동반의존성 증상이 나타나며, 어떤 문제를 직면했을 때 해결하기를 어려워한다.

부모 노릇을 한다는 것은 정말 쉬운 것이 아니다. 매사에 간섭하고 조종하는 엄마보다 무관심하여 아이의 생존에 위협을 주는 엄마가 더 심각한 피해를 아이에게 준다. 이런 엄마 밑에서 자란 아이는 자기 문제를 다른 사람이 대신 풀어줄 때까지 남에게 의존하고 기대는 경향이 있다. 반면 지나치게 조종하고 통제하기 좋아하는 엄마 밑에서 자란 아이는 자신이 원하는 바를 이루기 위해 남을 조종하는 사람이 될 수 있다. 이 외에도 무조건 남의 의견에 반대를 하거나, 모든 것을 자기중심적으로 생각하는 이기적인 사람이 될 확률이 높다.

내가 기도원에서 부흥회를 인도할 때 김기철 형제를 만난 적이 있다. 그 형제는 아내와 이혼을 하고 기도원에 와서 봉사를 하며 지내고 있었다. 그는 '성인아이치유'라는 나의 설교를 듣고 통곡을 하며 하나님께 회개 기도를 하였다. 그는 아내와의 관계가 깨진 원인이 아내가 이해심이 없고 인내심이 없는 성격과 화냥기 때문에 그런 결과를 가져 왔다고 생각했었다. 그러나 성령님은 기철 형제가 설교를 들을 때 그의 문제를 조명해 주셨다. 그는 아내의 감정이나 기분을 전혀 고려하지 않고 자기 고집과 주장대로 일을 처리해 나갔다. 아내의 말을 조금이라도 귀를 기울였다면 어쩌면 그는 사업에도 크게 성공을 하였을 것이다. 그러나 그는 하는 일마다 꼬이고 부도가 났다. 또한 그는 숨이 막힐 정도로 아내를 통제하였다. 그의 아버지는 기철형제가 2살 때 집을 나가서 몇 년씩 들어오지 않았고 그의 어머니는 아들인 기철형제를 통제하고 어린 그가 실수를 하면 난폭한 언행으로 그를 다스렸다. 그런 어머니의 행동은 그가 사춘기까지 계속되었다. 그는 아내를 진심으로 사랑을 했다. 그런데 자신도 모르게 아내를 무시하고 폭언을 하며 학대하고 있었다. 어머니에 대한 앙갚음을 그는 자신도 모르게 아내에게 퍼붓고 있었던 것이다. 성령님께서 이 사실을 깨닫게 하자 그는 눈물을 한량없이 흘리며 가슴아파했다. 그의 내면의 아이가 성령님의 은혜로 치유를 받고 있었다.

6. 학령 전 아이(4세부터 7세까지)

4세는 창조력이 최고조에 이르는 시기이다. 내 아이가 다른 사람에게는 없는 자기만의 무언가를 갖고, 세상에 공헌할 줄 아는 사람이 되기를 원한다면 이때의 아이들에게 적절한 자극을 주어야 한다. 우리나라의 교육의 폐단은 유명 학교에 입학하기 위해서 개성이 무시된 주입식 교육, 자주성이 결여된 암기식 학습법만 강조한다는 것이다. 그래서 박사가 되고 대학 교수가 되어도, 남의 것은 달달 외어도 개성있고 학적 가치가 있는 논문 하나 제대로 쓰지 못하고 남의 논문이나 표절하는 어용교수가 많은 것이다.

남의 흉내를 능숙하게 내는 모방인간이 아닌, 독자적인 발상으로 창작품을 만들어내는 사고력을 갖춘 사람이 되기 위해서는 이 시기부터 생각하는 힘과 창조력을 자연스럽게 몸에 배게 해야 한다. 조지아 대학의 교육심리학자인 E. P. 트랜스 박사는 "창조력은 3세가 되면 급속도로 성장하기 시작해서 4세에서 4세 6개월경에 최고조로 이르렀다가 5세가 되면 급격하게 쇠퇴하기 시작한다."라고 말했다. 그러므로 내 아이가 남을 흉내만 내는 아류(亞流)가 아닌, 역사에 남는 창조적인 사람이 되기 원하면 아이의 천부적인 창조성과 상상력을 죽이지 말아야 한다.

이 시기의 아이들은 호기심이 매우 강하고, 실험을 좋아하며, 엉뚱한 생각을 많이 한다. 그래서 끊임없이 질문을 많이 한다. "왜, 그래요?" 아이가 이런 질문을 하면 성심껏 대답을 해 주어야 한다. 그렇지 않고 "조용히 해! 너는 왜 그렇게 말이 많니?"라고 윽박지르며 아이의 마음에 상처를 주면, 수치심을 느끼고 자신은 중요한 사람이 아니며 중요한 말을 할 권리나 능력도 없는 사람이라는 잘못된 인식을 하게 된다. 그래서 성인이 되었을 때 자신보다 높은 위치에 있는 사람들을 두려워하며 질문을 하지 못하는 사람이 된다.

또한 이 시기는 상상력이 풍부한 시기이기 때문에 어른들이 생각할 때 아이의 생각이 어이가 없을 수도 있다. 그렇다고 아이를 놀리거나 비웃으면, 아이의 창의력과 상상력을 죽이는 것이 된다. 자신의 상상력이나 생각을 무시 받으며 성장한 아이는 나중에 어른이 되어서도 새것을 배우려고 집중하는 데 어려움을 느끼며 삶의 문제들을 직면하는 데에도 불안을 느낀다. 그래서 계획은 꼼꼼하게 작성해도 행동으로 옮기는 실천력이 없는 사람이 되는 것이다.

내 아이가 창의성이 있고 능력 있는 아이로 키우려면 다음을 명심하라. 첫째, 아이가 어떤 엉뚱한 질문을 해도 성심껏 대답을 해주거나, 해답을 찾는 방법을 가르쳐 주어야 한다. 둘째, 아이와 수수께끼 놀이를 많이 하라. 셋째, 아이가 뭔가 열중하고 있을 때에는 끼어들어서 방해하지 마라. 넷째, 장난감은 퍼즐이나 블록 같은 스스로 망가뜨렸다가 다시 다른 것으로 만들며 놀 수 있는 장난감이 좋다. 바둑이나 장기를 가르쳐도 좋다. 다섯째, 풍부한 체험을 많이 하게 한다. 여섯째, 독서를 많이 하게 한다. 아이를 어리다고 무시하지 말고 한 사람의 인격체로 대우한다. 일곱째, 아이가 결정할 수 있는 것은 스스로 결정하게 한다. 예를 들어서 옷 입는 것, 어디에 가고 싶은지, 어떤 책을 보고 싶은지 등등. 그리고 자신이 결정한 것에는 스스로 책임을 져야 한다는 것도 알게 해야 한다. 여덟째, 실패를 두려워하지 않도록 해야 한다. 아홉째, 부모가 서로 존중하며 사랑하는 모습을 아이에게 보여주는 것이 좋다. 이 시기는 성 정체성이 확립이 되는 시기다. 아이는 아빠와 엄마의 역할을 보며 남자와 여자의 정체성을 확립한다. 그래서 부모들은 아이들에게 바른 모습을 보여주어야 한다. 그렇지 않으면 아이는 성 역할에 심각한 혼동을 일으켜 나중에 동성애에 빠지기 쉽다.

7. 학령기 아이(8세부터 13세까지)

이 시기의 아이들은 하루 중 많은 시간을 여러 분야에 걸쳐 외부 세상에 대해 배우는데 보낸다. 이 시기는 생각과 느낌보다는 활발히 활동을 하며 결과에 신경을 쓰지 않으며 행동을 먼저 하는 시기이다. 그러면서 친구들과 선의의 경쟁에 돌입한다.

이때의 아이들은 다양한 것들에 호기심이 강하게 나타나기 때문에 한 가지 일에 집중을 하지 못하는 경향이 있다. 이런 아이들을 보고 부모들은 혹시 내 아이가 집중력이 약하거나 너무 산만한 것은 아닌지 염려하는데 그것은 우려에 지나지 않는다. 아이의 그런 행동은 지극히 정상적인 현상인 것이다.

이때의 부모들은 자녀들이 일을 끝까지 마치지 못하고 도중에 중단하고 다른 것에 신경을 쓰는 것을 보고, 아이가 인내력이 없다거나 무책임한 아이라고 판단해서는 안 된다. 이 또래의 아이들은 한 가지 일에 집중하는 것보다는 다양한 체험을 하고 배우는 것이 더 중요하기 때문이다. 아이들은 다양한 경험들을 통해 일의 우선순위를 정하는 법과 일을 시작하고 끝내는 법을 배우는 것이다. 뿐만 아니라 이러한 다양한 체험들은 아이들의 기술과 재능을 발견하고 평가할 수 있는 좋은 기회가 된다.

이때의 아이들이 일 처리하는 방법이 서툴다고 부모가 나서서 일을 대신해주거나 비방을 하면 안 된다. 그러면 아이들은 자신의 능력에 부정적인 생각에 빠지고 문제해결 능력을 잃고 만다. 그러므로 이때는 아이들이 자신만의 방법으로 스스로 일을 해결하는 방법을 습득하도록 격려하고 도와주어야 한다.

그래야 어른이 된 후에 행복하고 성공적인 삶에 필요한 능력과 기술을 계발하게 되는 것이다. 이때에 아이들이 문제해결의 능력을 배우지 못하고 비난을 받는다면 낮은 자존감을 갖게 된다. 결과적으로 아이가 어른이 된 후에도 자신은 부족하고 멍청하기 때문에 이 세상을 혼자 힘으로 살아가기에 부적당한 존재라고 생각하게 된다. 그래서 아이는 자신의 능력을 개발하고 자기주장을 하기보다는 다른 사람을 의지하게 되고 생각 없이 다른 사람을 추종하는 아류가 된다.

또한 일을 해결하는 능력을 배우지 못한 아이가 어른이 되면 일의 우선순위를 정하지도 못하고 허둥지둥 대며, 일들을 벌여 놓기만 하고 마무리를 짓지 못하는 성격으로 되기 쉽다.

이 시기에 아이들에게 가장 부정적인 영향을 주는 것은 무엇보다도 학대다. 일반 전문가들은 아동 학대를 신체적 학대, 정서적 학대, 성적학대 등으로 제한한다. 그러나 지적 학대와 영적 학대도 포함시켜야 한다고 주장하는 학자들도 많다. 성경은 부모가 자녀를 양육할 때 "주의 교양과 훈계"로 양육하라고 권하고 있다(엡 6:4). 그러므로 그것에 미치지 못하는 것은 어떤 것이든 학대라고 볼 수 있다. 이해를 돕기 위해서 아동 학대에 대해서 잠시 살펴보자.

첫째, 아동 신체적 학대(兒童 身體的 虐待)

아동의 신체 학대는 때리거나, 목을 조르거나, 주먹질을 포함한 과도한 체벌과, 비 우발적인 신체 상해와 아동의 신체 필요를 계속해서 방치하거나 그것에 무관심한 것을 말한다. 이것에는 음식공급에 무관심, 불결한 위생, 의복에 신경 쓰지 않음, 약물 방치, 위험물 방치, 질병과 치과 등의 의료 처방을 하지 않는 것이 포함된다.

아동을 학대하는 부모들은 다양한 이유가 있겠지만, 보통 아동의 훈육에 대한 무지 때문이다. 또한 많은 경우가 부모 자체가 정서적인 문제가 있는 성인아이인 경우가 많다. 그래서 그들은 감정의 조절을 못하고, 특히 분노의 감정을 조절하지 못하고, 자신의 좌절감과 분노를 자녀에게 대치시키는 경우가 많다. 이런 부모들은 다양한 중독경향을 보인다.

아이가 학대를 당하고 있는 증상이 보이면 사회복지사가 아니더라도 당국에 신고를 해서 아이들을 구출해야 한다. 아이들이 학대를 당하고 있는 증상은 다음과 같다.

* 몸에 상처의 흔적이 자주 보인다.
* 부모 또는 보호자를 두려워하는 경향이 있다.
* 성인 권위자를 두려워한다.
* 공격적이고 파괴적인 행동을 하는 경향이 있다.
* 성인 남자가 아이에게 가까이 갈 때 두려워하거나 공포감을 느낀다.
* 애정에 굶주려 있다.
* 집에 가는 것을 두려워한다.
* 퇴행적인 행동(오줌 싸기 등)을 한다.
* 학업 부진, 비행, 가출, 약물과 알코올 남용을 한다.

이와 같은 증상이 아이에게 보이면 신고를 해서 아이를 보호해야 하고, 학대를 한 부모는 치료를 받도록 해야 한다. 치료자는 부모가 다음 사항을 준수하도록 도와야 한다.

* 화가 난 상태에서 아이를 때리지 못하도록 인식시켜야 한다.
* 아이가 왜 잘못된 행동을 하는지 이유를 생각해 보도록 한다.
* 자신의 삶에서 미해결된 분노가 있는지 살펴보게 한다. 그런 후에 감정조절법을 가르쳐야 한다.
* 아이가 이해할 수 있는 분명한 경계선을 설정하도록 한다.
* 처벌이 필요한 경우에는 왜 처벌이 필요한지 이유를 아이에게 설

명하도록 한다.
* 체벌은 최후의 수단이어야 한다는 것을 인식시킨다.
* 기분에 따라 체벌을 하지 못하도록 하고, 일관성 있게 하도록 한다.
* 만일 아동기에게 체벌을 한다면, 지나치지 않도록 하고, 손으로 때리지 못하게 하고, 가는 막대기를 사용하게 한다. 그러나 12살이 넘은 아이는 어떤 경우도 때리는 것이 좋지 않음을 인식시킨다.

이 외에 부모에게 중독증세가 있는지 살펴보고, 분노조절, 자녀의 기본적인 신체적인 필요를 채워주는 방법을 조언해 주어야 한다.

둘째, 아동 정서 학대(兒童 情緒 虐待)
아동 정서 학대는 아동을 정서적으로 행동적으로 병들게 하는 정서적 학대 또는 방치를 말한다. 아동 정서 학대에는 다음과 같은 것들이 포함된다.

* 고함치기, 별명 부르기, 비꼬기, 비웃기, 협박하기 등의 언어적 가해
* 부부가 서로 비난하거나 공격하며 싸우는 경우
* 아이를 고립시키는 경우
* 어른들의 각종 중독증상, 포르노그래피, 도박 등으로 아이를 정서적으로 오염시키는 경우.
* 어른들의 비관적인 사고방식과 부정적인 언어습관
* 어른들의 예측할 수 없는 반응 또는 비일관성
* 이중적인 메시지로 아이를 대하는 경우

* 자녀의 친구관계를 과도하게 간섭하는 경우
* 아동을 위험에 노출시키는 경우
* 정서적 지원(사랑, 수용, 안전, 주의 집중)이 결여되었을 경우

아동을 정서적으로 학대하는 경우도 부모들이 자녀의 기본적인 필요에 대해서 무지하거나, 신체적인 학대를 하는 부모와 비슷한 경우이다. 이런 부모 밑에서 자녀들이 양육을 받는다면 당연히 자녀들은 낮은 자존감을 형성하게 된다. 이런 아동들을 돕기 위해서는 자녀를 정서적으로 학대하는 부모에게 조심스럽게 접근하여 치료를 받도록 권해야 한다. 자녀를 정서적으로 학대하는 부모들에게는 다음과 같은 치료가 필요하다.

* 부부 치료와 감정조절법, 낮은 자존감의 치유를 받도록 권한다.
* 자녀들에게 사랑표현을 자연스럽게 하도록 한다. 특히 신체적인 애정 표현을 많이 해주도록 권한다.
* 대화를 할 때는 자녀의 눈을 마주보며 하고, 자녀를 한 인격체로 인정하고 격려하게 한다.
* 자녀의 의견과 감정을 존중하도록 한다.
* 부부싸움은 자녀가 없는 시간에 하도록 권한다. 그래서 자녀들에게 부정적인 영향을 주지 않도록 한다.
* 자녀를 훈육할 때에는 감정에 따라 하지 않고, 일관성 있게 한다.
* 위험, 폭력, 학대로부터 자녀를 보호할 뿐만 아니라, 자녀에게 필요한 모든 지도를 사랑으로 하도록 권한다.

셋째, 아동 지적 학대(兒童 知的 虐待)

아동 지적 학대는 아동의 사고 능력을 비웃거나 비꼬며 그들의 지적 발달을 소홀히 하는 것을 말한다. 아동지적 학대에는 다음과 같은 것들이 포함된다.

* 자녀의 사고와 지적 능력을 비웃거나 비꼰다.
* 자녀의 생각을 지원해 주지 않거나 격려하지 않는다.
* 자녀가 실패에 대처하도록 돕지 않는다.
* 자녀에게 문제 해결법을 가르치지 않는다.
* 물질적인 여유가 있어도 자녀에게 좋은 교육의 기회를 박탈한다.
* 부모가 그들의 약점, 갈등, 관심사, 신념 등을 자녀들과 나누지 않는다.

자녀를 지적으로 학대를 하는 부모들은 다음과 같은 방법으로 자녀의 지적 발달을 촉진하도록 도울 수 있다.

* 자녀의 능력을 확언해 주도록 격려한다.
* 자녀의 사고와 지적 능력을 격려하도록 권한다.
* 가능한 최상의 교육을 제공하도록 권한다.
* 자녀의 학교 공부를 격려하고 도와준다.
* 자녀가 부모에게 중요한 문제에 대해 말할 수 있도록 격려하도록 한다.
* 현재 일어나는 세상일에 대해서도 자녀와 대화하도록 권한다.
* 자녀가 실패에 대처하도록 돕게 한다.

* 자녀에게 문제 해결법을 가르치도록 한다.
* 개방적으로 부모 자신들의 갈등을 자녀들과 나누도록 권한다.

넷째, 아동 성 학대(兒童 性 虐待)

세상이 말세라서 그런지 아동 성 학대는 세계적으로 그 정도가 너무나 심각한 상태에 와 있다. 힘없는 아이들을 상대로 너무나 무서운 범죄가 대낮에도 저질러지고 있는 상황에 와 있다.

아동 성 학대는 18세 미만의 미성년자에게 행해지는 모든 성 학대를 포괄하는 광범위한 용어이다. 성적인 학대는 아동과 성인 사이에 행해지는 성적 행동을 말한다. 성 학대는 일반적으로 가해자의 성적 충족을 목적으로 아동을 성적으로 착취하는 모든 형태의 성적 접촉 또는 행위, 대화로 정의된다. 그러나 성 학대의 범위는 이보다 넓어져서 여러 가지 다른 형태의 아동 성 착취도 포함하게 되었다.

어떤 형태의 강제력을 사용하였다든지, 아동과 가해자의 연령적인 부조화가 있다면 아동 성 학대로 판단해야 한다. 보통 가해자가 보호자나 권위적인 인물이 많다.

어릴 때 받은 성적인 상처는 그 사람의 인생을 파괴하는 결과를 낳는 경우가 많다. 연구에 의하면 17세 이하 여아의 4분의 1, 남아의 8분의 1이 성적 학대를 받은 것으로 추산된다. 어떤 이들은 그 수치가 더 높다고 말하기도 한다. 성 학대가 가장 많이 발생하는 연령은 8세에서 12세 사이라고 한다.

학대의 정도에 따라 차이가 있기는 하지만, 성적인 학대는 받은 사람에게 평생 동안 지워지지 않는 상처와 흔적을 남긴다. 성적인 학대를 받은 아동은 자신이 더럽다는 느낌과 죄책감에 시달리게 되고,

타인과 자신을 신뢰하고 사랑하는 능력에 손상을 받게 된다. 또한 결혼을 하여 부부생활을 할 때에도 부정적인 영향을 미친다.

아동 성 학대에는 다음과 같은 것들도 포함시켜야 한다.

* 은밀한 신체 부위의 부적절한 접촉에서부터 성교까지
* 노출증과 관음증의 형태와 성적인 풍자, 농담 등
* 아이 앞에서 부모가 나체를 노출하거나, 아이가 보는 앞에서 성관계를 함.
* 아동의 사적 공간 침입하는 경계선 침입.
* 부모가 배우자보다 자녀와 더 중요한 관계를 가질 때
* 아동을 매춘과 포르노물로 이용할 때
* 아동에게 적절한 성교육을 시키지 않고 방치할 때

성적인 가해자는 모든 사회 경제적 계층에서 생길 수 있다. 가해자의 95%가 남성이며 의붓아버지의 학대가 많다고 한다. 종종 친아버지인 경우도 있다고 한다. 인구의 6분의 1이 근친상간을 겪은 적이 있다고 한다. 근친상간인 경우에는 아동이 자신으로 인하여 가정이 파괴되는 것을 막기 위하여 피해를 숨긴다.

가장 많은 학대자 집단은 십대 청소년들이다. 그 원인은 어린 시절 겪은 학대와 손쉽게 포르노그래피를 볼 수 있고 구할 수 있기 때문이다. 가해자 중에는 친척이거나 친 오빠인 경우도 많다. 상담자에 의하면 8세의 오빠가 여동생을 성추행한 경우도 있다고 한다. 이 외에 소아 기호증의 정신병자들과 야동을 탐닉하는 사람, 충동적으로 범행을 저지르는 이들이 있다. 개중에는 상당한 지적인 수준과 높은

사회적인 위치에 있는 사람들도 있다고 한다. 특히 가족상담 전문가인 리치필드는 아동 성 학대가 엄격하고 율법적인 교회에서 흔히 발생한다고 지적하였다. 정말 말세 중에 말세의 층상인 것이다.

어린 시절에 성적인 폭력이나 학대를 당하면 다음과 같은 증상이 올 수 있다.

* 아이의 성장적인 발달에 혼돈이 일어나며, 급변한 변화가 생기게 된다.
* 학업에 집중을 하지 못하고 성적이 저하 되거나, 수면장애를 겪는다.
* 남자를 두려워하거나(특히 권위적인 남자), 과도하게 수줍음을 탄다.
* 활발하던 아이가 내성적으로 변하게 된다.
* 사춘기 때에 마약과 알코올 남용으로 중독에 걸릴 확률이 높다.
* 남들에게 말할 수 없는 비밀을 가짐으로 소외감을 가지게 된다.
* 결혼을 해서 정상적인 부부관계에서도 쾌락의 느낌을 갖는 것에 대한 비난과 죄책감을 갖게 된다.
* 낮은 자존감이 형성되며 자신을 한 인격체라기보다는 물건처럼 느낀다.
* 수치심, 두려움, 불안, 분노, 적개심, 우울증, 자살충동 등이 생긴다.
* 해리(解離) 현상과 방향감각 상실로 인한 집중력이 떨어지며 정신이 나간 멍한 상태가 자주 있다. 해리는 자기 자신의 한 부분이 분열되는 것을 말한다. 이런 현상은 아동 성학대의 피해자에게

흔히 나타나는 증상이다.
* 나중에 그 자신이 또 다른 가해자가 되는 경우가 있다. 성중독자의 81%가 어린 시절 성 학대를 당한 적이 있다는 보고가 있다.
* 성인이 된 후에도 잦은 우울증과 불안, 열등감의 발병의 원인이 된다.
* 강렬한 분노와 적개심을 가지게 된다.
* 피해의식과 무력감을 느끼며, 통제되지 않는 언행을 하게 됨.
* 사람들과 정상적인 우정이나 친밀한 관계를 맺고 유지하는데 어려움을 느낌.
* 난잡한 성생활과 매춘을 할 가능성이 높으며, 불감증과 성기능 부전에 걸리는 확률도 높다.
* 동반중독 또는 동반의존성이 생길 수 있다.
* 사람들을 피하거나 특히 권위적인 사람을 무서워하거나 멸시함. 심지어 하나님까지 거부함.
* 사람들의 칭찬과 호의를 받아들이기 어려워함
* 목적의식이나 방향 감각이 없이 혼돈스러운 생활을 함.
* 자기 조절에 문제가 생겨서 각종 중독에 걸릴 확률이 높다.
* 성인이 된 후에 아동에게 학대적으로 대하는 경우도 있다.
* 나쁜 부모가 되지 않을까 걱정한다.

이렇듯 어린 시절의 성적인 학대는 다양한 부정적인 영향이 나타난다. 그러므로 아동이 성적인 학대를 받는다고 생각 들면 즉시 신고를 하고 적절하게 조치를 취하여야 한다. 아동을 도울 때 다음과 같이 주의를 하는 것이 좋다.

* 먼저 학대를 당한 아동에게 개인적인 장소를 만들어 주고, 안전을 보장해 준다.
* 아동을 안심시켜 주고 학대의 문제가 아동의 탓이 아니라는 것을 강조해 주어야 한다.
* 피해자와 그 가족들을 가능한 지지해 준다.
* 아동과 부모의 안녕에 집중하여, 그들이 학대를 직면하는 것이 최고의 방책임을 깨닫도록 돕는다.
* 듣고 관찰한 것에만 반응하고 섣부른 해석이나 정죄를 피한다.
* 방어와 불안을 줄이기 위해 개방형 질문을 사용한다. "너는 ~ 했니?" 대신에 "그 상황을 어떻게 보니?" 등으로 말하는 것이 좋다.
* 적극적 경청을 충분히 사용하고 표현된 감정을 이해하기 위해 애쓰지만, 그들의 말에 당신이 동의한다는 식의 말을 제시하는 것은 피한다.
* 적절한 관련 당국에 신고한다.
* 피해자의 부모들에게 알리고 함께 대화한다.
* 상담 횟수를 제한하고 먼저 신뢰 관계를 형성하도록 하여야 한다.
* 대화의 내용에 대해 비밀을 보장해 줄 것을 강조하지만 그 한계에 대해 정식하게 밀한다.
* 아동에게 무슨 일이 일어났는지 직접 말하게 하고 과중한 질문은 피하는 것이 좋다.
* 아동이 말하기 꺼리는 것을 심문자처럼 압력을 넣지 말아야 한다.
* 화가 나더라도, 혐오, 분노, 비난의 메시지를 전달하지 말아야 한다.

* 아동이 상처 부위를 보이고자 할 경우, 그것을 허락하되 신중하게 하며 증인을 동석하게 한다. 이 때 의사가 아동을 검지하는 것이 좋다.
* 가해자로 의심되는 피의자를 직면하는 것을 신중히 한다.
* 범행이 계속되지 않는 한 비밀을 보장해 준다.
* 가능한 유언비어를 예방한다.

피해 아동을 치유할 때에는 학대의 시기와 속성, 피해자의 연령, 피해자의 영적 상태, 가족 배경, 기타 존재하는 문제들(중독)에 따라 여러 가지 요소들을 고려해야 한다. 학대를 당한 아동에게는 종종 해리(解離) 현상이 나타나는데, 이는 자신을 방어하는 방어 기제인 것이다. 이것은 개인이 자신의 정체감의 일부를 단절시키고 학대가 일어난 당시의 사건에 대한 기억을 상실하게 되는 복잡한 과정이다.

성적인 학대를 당한 아동을 치유할 때에는 어떤 식으로도 학대에 대해 아동이 죄책감을 느끼도록 해서는 안 된다. 아동 학대의 치료는 단기치료 그리고 장기치료로 나누어서 치료할 수 있다.

단기 치료

아동은 신체적, 정서적, 사회적으로 손상되었다고 느끼지만 그 손상의 정도를 자각하지는 못할 것이다. 이를 '손상품 증후군'이라고 한다.

두려움, 죄책감, 우울증, 낮은 자존감, 빈약한 사회성, 분노, 신뢰 능력 상실, 역할 혼미, 발달 과제 완수의 실패, 자제력 결여, 학대자와 비학대 부모에 대한 양가감정, 부적절한 이성 관계, 법적 체계의 부정적인 영향 등은 모두 성 학대의 결과로 일어날 수 있는 것으로, 이러한 것들은 단기 치료에서 다루어야 한다. 치료를 통해 아동이 자신의 고통을 자각하고 탐색하도록 허락해 주어야 할 것이다.

장기 치료

장기치료는 나이가 좀 더 많은 아동 피해자에게 적절하다. 장기치료는 단기치료의 손상 요소들을 계속 치료하는 동시에 다음 요소들도 포함시켜 치료를 하는 것이 효과적이다.

- 어떠한 경우에든 피해자를 탓하거나 죄책감을 주지 말아야 한다.
- 아동이 자유롭게 학대에 대해 말하도록 돕기 위해 신중하고 인내심 있게 적극적 경청을 한다.
- 피해자가 상처에 대해 적절히 감정을 표현하도록 돕는다. 특히 분노를 표현하도록 허용하고 장려해야 한다.
- 너무 빨리 용서를 유도하지 마라. 피해자가 상처와 손상의 기간을 충분히 거치게 될 때 참된 용서가 이루어질 수 있기 때문이다.
- 상처를 입은 사람은 낮은 자존감으로 인해 함부로 자신의 몸을 취급할 수도 있으며, 그런 과정에서 타인에게도 상처를 입히게 된다. 온전한 치유가 일어나려면 자신의 쓴 뿌리와 각종 중독에 빠진 것, 난잡한 성생활을 한 것, 다른 사람에게 상처를 준 것을 고백하고 회개하게 하여야 한다.
- 성적인 학대를 받은 아동은 자신이 더럽혀졌다고 느끼고, 부정적인 사고와 감정으로 낮은 자존감이 형성이 되었을 것이다. 이를 치유하기 위해서는 예수님의 보혈의 능력이 필요하며 내적치유

기도가 필요하다.
* 피해자가 십자가의 승리를 경험하려면 성령의 내적 충만을 위한 기도 역시 필수적이다.
* 성기능 부전을 위한 성치료가 필요할 수도 있다.
* 특별히 부모님들을 비롯한 가족 전체를 위한 가족치료가 필요할 것이다.

8. 청소년기

청소년기는 만 12~14세의 사춘기 초반과 만 15~17세의 사춘기 중후반으로 나눌 수 있다. 이때는 급속한 호르몬 변화를 겪는 시기이기 때문에 거칠고 급격한 신체적, 정서적 변화와 인생에 대한 번민과 삶의 환희가 얼룩져 기억에 가장 깊은 인상을 남기는 때다. 청소년기에 접어들면 오랫동안 계속되어온 감정적인 휴면 상태에서 깨어나 모든 것을 새롭게 받아들이고 느끼기 시작한다.

이때의 최대 관심사는 얼마나 사회적인 관계를 갖느냐이므로 친구들과의 관계를 무엇보다 중요시하게 된다. 청소년기 초기에 아이는 어떤 일이나 임무에 자발적으로 나서지 않는다. 그러므로 부모가 일의 우선순위를 정하도록 조언하고 시간을 계획성 있게 쓰도록 도와주는 것이 중요하다. 아무리 성실하고 착한 아이라도 이 전환기 동안 시들해지거나 의욕을 상실할 수 있기 때문이다. 하지만 그것은 지극히 정상적인 과정이다.

그렇다고 아이들이 무책임하게 행동하도록 내버려 두라는 의미가 아니다. 다만 그것들이 흔히 있을 수 있는 정상적인 행동이라는 뜻이다.

청소년기 초기에는 때로는 행동이 퇴행하는 듯이 보일 때가 있다. 이때에 아이들은 0~18개월 시기에 상응하는 구강기와 탐구기와 상응한 반응이 나타난다. 즉 먹고 자고 놀고 우는 것에 다시 집착하는 것이다. 그들은 유아기에 가졌던 엄마와의 '공생' 관계를 되살리려고 애쓰는 것이다. 그러므로 이 시기에 부모는 지나치게 의존하려는 아이들을 적당히 떼어 놓을 필요가 있다. 그렇지 않으면 나중에 성인이 되었을 동반의존성 경향을 보일 수가 있다.

또한 이 시기는 매우 자기 비평적이며 불안정하고 자신의 행동에 대해 책임을 지기를 원치 않는 경향이 있다. 그렇다 하더라도 그들을 꾸짖을 때 애정과 확신을 심어 주어야 한다. 자신의 결함과 실수에 마음을 뺏기지 않도록 부모가 정직한 격려와 진심 어린 칭찬을 해주어야 한다. 그럴 때 그들은 자기비평의 늪에서 벗어나며 무거운 짐을 벗을 수 있다.

이 시기에 있는 아이들에는 건강한 성을 알게 해야 한다. 사춘기에 접어든 아이들이 성에 호기심을 갖는 것은 '매우 자연스러운 것이다. 아이들은 성을 성경적 관점에서 정확하고 명확하게 풀이한 안내와 정보를 얻어야 한다. 건강한 정보들을 받지 못할 때 아이들은 다양한 곳에서 흘러 들어오는 그릇된 지식으로 쉽게 성적인 탈선을 할 수 있다.

이 시기의 아이들에게는 적당한 경계선을 그어 주어야 한다. 이 시기의 아이들은 감성이 풍부해지기 시작하면서 감각적이거나 자극적인 것들을 찾으려 한다. 따라서 다시 세상 탐사를 시작하려는 그들을 보호하기 위해 적당한 경계선을 그어 주어야 한다. 감각적인 것들에 대한 호기심과 유혹을 조절하지 못한다면 마약이나 술 같은 것에 물들 수 있기 때문이다.

이 시기에는 미운 3살처럼 "싫어요!"를 다시 외친다. 이유 없는 반항이 본격적으로 시작되는 시기이기 때문이다. 그들은 하나의 독립된 개체가 되는 것이 목표다. 윗사람의 말을 거스르고 삐딱하게 받아들이는 것은 독립하려는 아이들의 울부짖음이다. 이렇게 어른에게는 독립을 외치면서 자기 또래의 아이들과 어울리며 무리에서 낙오되지 않으려고 만용을 부리기도 한다. 이때에 부모는 자녀들에게 정확한 경계선을 그어 주어야 한다. 그들은 부모에게 반항을 하면서도 한편으로는 강한 부모를 원한다는 것을 기억해야 한다.

이 시기의 자녀를 둔 부모가 흔히 저지르는 가장 큰 실수는 아이들의 몸이 어른보다 더 커졌다고 내적으로도 성숙할 것이라고 잘못 추측하는 것이다. 그래서 그들이 알아서 하겠지 하며 너무 많은 자유를 주는 것이다. 명심하라. 아이의 몸은 당신보다 크지만, 아직 마음은 어린아이다. 자녀들이 안정감을 느끼도록 그들에게 명확한 경계선과 기준을 제시해 주어야 한다. 그렇다고 지나치게 부모를 의존하도록 내버려 주어서도 안 된다. 이때에 부모를 너무 의존하게 만들면 그 자녀는 평생 무력한 사람이 되어 다른 사람을 의존할 사람을 찾아 헤맬 것이다. 또한 결혼을 해서도 배우자보다는 부모를 더 의지하는 마마보이, 마마 걸의 경향을 보일 수 있다.

이때의 자녀들은 적절하지 못할 때에도 분노를 표출하는 경향이 있다. 그래서 이때의 아이들은 분노를 조절하고 적절한 방법으로 표현하는 방법을 배워야 한다. 그래야 가인과 같은 죄를 짓지 않게 된다. 성경은 "분을 내어도 죄를 짓지 말며"(엡 4:26)라고 분명히 말했다.

분노는 죄가 아니다. 다만 그것을 제대로 표현하거나 통제하지 못하여 선을 위해 쓰지 못하거나 잘못 사용할 때는 죄가 되는 것이다.

4장 낮은 자존감의 치유단계

The healing of bruised self-esteem

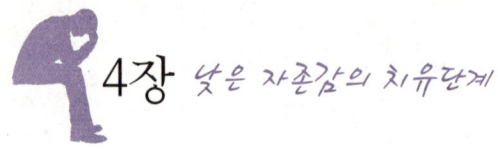

4장 낮은 자존감의 치유단계

1. 낮은 자존감에서 비롯된 문제점을 인정하고 변화되기를 소원해야 한다.

보통 역기능 가정 출신들은 자신들의 문제를 부정한다. 대체로 그들은 다음과 같은 말로 부정한다.
"다른 집에 비해서 그래도 우리 집은 그런 데로 괜찮은 편이다."
"그것은 아픈 상처였지만, 그렇게 많이 아픈 것은 아니었다."
"우리는 이미 그것을 해결했고, 이미 지난 과거이다."
"다른 사람은 더 많은 문제가 있다. 나는 아무것도 아니다."

낮은 자존감에서 치유를 받으려면 먼저 자신의 문제를 부정만 하지 말고 솔직하게 직면을 해야 한다. 그래야 문제의 원인을 제거할 수 있다. 사람은 자신이 변화되고자 하는 열망만큼 변화할 수 있다.

그런데 어떤 사람은 변화되기를 원치 않는 사람이 있다. 그 이유는 다양하겠지만, 보통 수치심에 기반을 둔 정체감 때문에 자기 자신을 찾는 것에 대한 두려움을 가지고 있는 경우다. 몸이 약한 사람은 자신이 병든 것으로 인해서 주의 사람들에게 관심을 끌어 모은다거나, 다른 사람을 조정하기 쉽기 때문이다. 그래서 예수님은 환자들에게 "네가 낫고자 하느냐?"고 물으셨다.

이런 이야기가 있다. 배가 난파되어서 무인도에 갇힌 3명의 남자가 있었다. 어느 날 그들은 해변에서 호리병 하나를 발견하게 되었다. 호리병에 묻은 먼지와 모래를 닦아내자 병에서 연기가 뭉글뭉글 피어오르더니 거인 요정 '지니'가 나타났다. 지니가 예절바르게 인사를 하며 그들에게 3가지 소원을 들어준다고 하였다. 그래서 그들은 한 가지씩 소원을 말하기로 하였다.

먼저 키가 큰 사내가 소원을 말했다. "나는 한강이 내려다보이는 분위기 좋은 레스토랑에서 예쁜 여자와 식사를 하며 사랑을 나누었으면 좋겠다." 말을 마치자마자 키가 큰 사내는 '펑'하는 소리와 함께 사라졌다.

이번에는 키가 작은 사내가 말했나. "나는 공기 좋고 물 좋은 시골에서 아름다운 전원주택을 짓고 사랑하는 아내와 함께 행복하게 살았으면 좋겠다." 말을 마치자마자 그도 '펑'하는 소리와 함께 사라지고 말았다.

이번에는 뚱뚱한 사내가 말을 할 차례가 되었다. 그런데 뚱뚱한 사내는 몹시 불안한 증세를 보이면서 다음과 같이 말하는 것이었다. "나는 … 나는 그 친구들이 없으니 몹시 … 불안해. 그 친구들이 다시 이곳에 왔으면 좋겠어."

말을 마치자마자 '펑' 하는 소리와 함께 두 친구가 다시 무인도 섬으로 왔다.

참으로 기가 막히고 한심한 일이 아닐 수 없다. 뚱뚱한 사내와 같이 현실에 안주하여 변화를 주기 싫어하는 사람들이 있다.

낮은 자존감에서 해방되고 당당하고 멋진 삶을 살기를 원하시면 먼저 자신이 변화되고자 하는 노력이 필요하다. 그러기 위해서는 먼저 낮은 자존감에서 비롯된 문제들이 자신에게 있다는 것을 인정해야 한다.

낮은 자존감에서 비롯된 문제들을 열거하면 다음과 같다. 열등감, 죄책감과 수치심(나쁜 행동에서 비롯되기 보다는 자신이 나쁜 사람이라는 신념에 바탕을 둔다.), 분노, 의심증, 비평이나 충고에 대한 과민성, 지나친 비평과 비난, 익살(부끄러움을 타는 것과 정반대의 모습. 다른 사람들이 볼 때는 자신감이 있어 보이지만, 그러나 속으로는 자신의 약한 모습이 다른 사람들에게 들킬까봐서 불안해 함), 남을 지나치게 의식함, 부끄러움, 대인 공포증, 거만(종종 자신감으로 착각을 함), 책임전가, 위선과 거짓말, 자신을 싫어함, 동성애(자신의 정체성을 극단적으로 부인하는 증상), 자기비하(자신을 비하하는 사람은, 보통 사람들은 평생에 책을 한 권도 쓰기 어려운데, 대단히 훌륭한 책을 여러 권 쓰고도 남들이 '어떻게 이렇게 좋은 책을 쓸 수 있었냐?'고 물으면 '별거 아닙니다. 그냥 심심해서 써봤습니다.'라고 대수롭지 않게 말을 하는 경향이 있다) 등이다.

당신은 위의 열거한 중에서 어떤 문제가 있는가? 치유를 원한다면 솔직하게 대답해야 한다. 그래야 사회생활, 부부생활, 신앙생활에서 복을 누릴 수 있다. 당신의 낮은 자존감을 회복시키는 방법은 여러 가지가 있다. 그 중에 가장 중요한 치유의 원천이 되시는 분은 하나님이시다. 그런데 이 하나님의 형상은 역기능 가정의 부모님이나 어른들 때문에 많이 왜곡되었을 것이다.

그들은 당신에게 충분한 사랑을 주지 못했고, 필요함을 채워주지 못했고, 관용하거나 너그럽게 용서하지 못했다. 그러한 경험들이 하나님에 대해서 왜곡된 관점을 갖게 만들었던 것이다. 그래서 하나님이 사랑의 하나님이며, 용서의 하나님이시고, 아낌없이 베풀기를 원하시는 하나님이시라는 것을 믿기 어려웠던 것이다.

2. 자신의 존귀함을 깨닫고 사랑해야 한다.

당신은 당신의 부모가 원하였든지 원하지 않았든지, 당신은 하나님께서 원하시고 계획하시고, 작정하셔서 태어난 하나님의 작품이다. 다음의 성경을 읽어보라.

"내가 태어나기도 전에 여호와께서 나를 부르시고 내가 어머니 뱃속에 있을 때 내 이름을 말씀하셨다."(현대인의 성경, 사 49:1)

"내가 은밀한 데서 지음을 받고 땅의 깊은 곳에서 기이하게 지음을 받은 때에 나의 형체가 주의 앞에 숨겨지지 못하였나이다 내 형질이 이루어지기 전에 주의 눈이 보셨으며 나를 위하여 정한 날이 하루도 되기 전에 주의 책에 다 기록이 되었나이다"(시 139:15-16).

당신은 하나님이 원하셔서, 하나님께서 만드신 하나님의 작품임을 받아들여야 한다. 그래야 자신의 존귀함을 깨닫고 자신을 사랑하게 된다. 당신은 역기능 가정에서 자라면서 살아남기 위해서 역기능적 가족 역할을 맡게 되었다. 이 잘못된 역할 때문에 당신은 낮은 자존감을 형성하게 되었으며 당신 자신의 생각이 아닌 다른 사람의 생각에 영향을 받으며 살아왔다.

이러한 모습은 당신에게 수치심에 기반을 둔 정체감을 발전시켰고, 당신에게 다음과 같은 잘못된 생각을 세뇌시켰다.

"나는 못난 사람이다. 나는 다른 사람들 보다 못났다. 그래서 나는 다른 사람들이 원하는 방식으로 생각하고 행동해야 해. 그래야 인정받을 수 있고 왕따를 당하지 않아. 나의 참 모습은 사람들이 싫어하기 때문에 꼭꼭 숨겨둬야 해."

이러한 잘못된 생각 때문에 당신은 자신의 의사표현도 제대로 한 번 하지 못하고 다른 사람들에게 조종당하는 약한 존재로 살아왔다. 이제 당신의 참 모습, 당당하고, 개성 있고 독특한 당신 자신의 모습을 찾아야 한다. 그러기 위해서는 어린 시절에 습득한 잘못된 역할을 과감하게 벗어버려야 한다. 그 역할은 당신의 개성이나 독특한 정체성이나 가능성을 무시한 역할이었다. 이제 당신은 당신 자신의 놀라운 왕의 모습을 회복해야 한다.

하나님은 당신을 지으실 때 당신을 향한 놀라운 계획과 비전이 있었다. 당신은 이 땅 위에 하나님의 꿈과 비전을 실현시키기 위해서 예정된 사람이었다. 그런데 주의 환경과 사람들로 인해서 상처를 받아 놀라운 아이, 즉 왕의 모습을 상실하게 되었던 것이다. 하나님은 그 능력과 당신의 본래의 모습을 회복하시기를 원하신다. 그러기 위해서는 당신의 존귀함을 깨닫고 자신을 사랑해야 한다.

자신을 사랑하지 않고는 배우자와 자녀, 그리고 하나님과 다른 사람들을 진실로 사랑할 수 없다. 자신을 진실로 믿고 사랑하기 위해서는 자기 자신이 하나님의 작품일 뿐만 아니라, 하나님께 용납되고 받아들여졌다는 것도 믿어야 한다. 많은 사람들이 성장할 때 기본적인 욕구를 채우지 못하였거나, 학대를 당하거나, 버림을 당한 경험이 있으면 자신의 가치를 하찮게 여기는 경우가 있다. 그래서 낮은 자존감이 형성된 것이다.

이 낮은 자존감을 치유하고 하나님의 계획대로 만들어진 왕의 모습을 회복하려면 세상적인 시각이 아닌, 성경적인 시각으로 자신을 보아야 한다.

상처를 받은 사람은 깨진 거울로 자신의 모습을 보는 것과 같다. 그래서 자신의 진정한 모습을 보지 못하고 왜곡된 모습이 자신의 얼굴로 착각을 하며 살아가는 것이다. 성경 인물 중에는 깨진 거울을 가지고 있었으나 믿음으로 하나님께 새로운 거울을 받고 성공한 인물들이 많다.

그 중에 한 명이 다윗이다. 다윗은 그의 집에서 잊혀진 아이로 성장하였다. 어느 날 다윗의 집에 사무엘 선지자가 왔다. 사무엘은 다윗의 아버지에게 다음과 같이 말했다. "하나님께서 당신의 아들 중에서 한명을 선택하여서 이 나라의 왕으로 세운다고 하신다. 그러니 당신의 아들들을 다 집합시켜라."

다윗의 아버지는 사무엘 선지자의 이 말을 듣고 다른 아들들은 다 집합시켰으나 다윗은 부르지 않았다. 그의 아버지는 다윗에게 어떤 비전이나 희망을 걸지 않았기 때문이다. 그래서 다윗은 시편 27편 10절에서 다음과 같이 말하였던 것이다. "내 부모는 나를 버렸으나 여호와는 나를 영접하시리이다."

다윗은 부모에게서 버림받은 것 같은, '잊혀진 아이'로 성장하였던 것이다. 이로 인해서 다윗은 자신도 모르게 낮은 자존감이 형성되었던 것 같다. 293㎝ 거인 골리앗을 쓰러뜨린 영웅의 내면에는 '잊혀진 아이'의 상처가 있었던 것이다. 많은 사람들이 다윗의 영웅적인 모습만 보고 그를 칭송하지만, 정작 다윗의 숨겨진 마음의 상처는 보지 못한다.

시편 22편 6-8절에서는 낮은 자존감을 가지고 있는 사람의 전형적인 비관적인 사고방식이 표현된다.

"나는 벌레요 사람이 아니라, 사람의 비방 거리요 백성의 조롱거리니이다. 나를 보는 자는 다 비웃으며 입술을 비쭉거리고 머리를 흔들며 말하되 그가 여호와께 의탁하니 구원하실 걸, 그를 기뻐하시니 건지실 걸 하나이다."

다윗은 자신을 사람이 아니라 벌레로 인식하고 있었던 것이다. 물론 이 시는 다윗이 사울 왕의 박해로 피난생활을 할 때에 지었던 시이다. 그리고 이 시는 '예수님의 고난을 예언한 시'이기도 하며, '십자가 위에서 성취된 시'라는 별명을 가지고 있다. 우리는 이 시에서 다윗의 심정과 모든 사람들에게 버림을 받고 십자가에서 비참한 모습으로 죽어가는 예수님의 심정이 일치하고 있는 것을 본다. 이 시는 예수님의 고난을 예언한 시이기는 하지만, 다윗 자신이 그런 감정을 느꼈기 때문에 나온 시이다. 시인은 자신이 직접 그런 감정을 느끼지 않으면 그런 시를 쓸 수가 없다. 나도 시인이기 때문에 시인의 감정을 잘 알고 있다.

놀랍지 않은가? 당신의 그 비참한 감정을 그 유명한 다윗도, 그리고 예수님도 느끼고 있었다는 것이. 그래서 예수님을 우리들의 모든 감정을 체휼하신 분이라고 하시는 것이다. 다윗도 당신과 같이 낮은 자존감이 있었다. 그러나 그는 주저앉아서 비관만 하지 않았다. 다윗에게는 낮은 자존감을 극복할 수 있는 믿음이 있었다.

다윗은 아버지로부터 잊혀진 아이로 성장을 하였으나 육신의 아버지보다 더 위대하시고 더 능력 있으신 하나님을 붙들었다. 그래서 그는 자신이 나약해 질 때는 이렇게 외쳤다.

"내 영혼아 네가 어찌하여 낙심하며 어찌하여 내 속에서 불안해 하는가 너는 하나님께 소망을 두라 그가 나타나 도우심으로 말미암아 내 하나님을 여전히 찬송하리로다"(시 43:5).

다윗은 스스로를 말씀을 붙들고 자신을 믿음으로 양육하였다. 그는 육신의 아버지보다 하나님이 더 위대하심을 믿었다. 다윗은 자신이 이미 모태에서부터 하나님이 선택하시고 붙들어주신 것을 믿었다. 다윗은 육신의 아버지의 말보다 하나님의 말씀이 더 진리임을 받아들였다. 그래서 그는 시편 71편 6절에서 다음과 같이 고백할 수 있었던 것이다.

"내가 모태에서부터 주를 의지하였으며 나의 어머니의 배에서부터 주께서 나를 택하셨사오니 나는 항상 주를 찬송하리이다"

　당신도 당신의 부모보다 하나님이 먼저 당신을 낳았다는 사실을 받아들여야 한다. 그래야 부모의 부정적인 저주의 끈을 끊을 수 있다. 당신이 아무리 학대를 받고, 무시를 당하고, 누군가에게 버림을 받았다고 해도, 당신은 여전히 소중하고 존귀한 사람이다.

　만약에 당신이 길을 가다가 만 원짜리 지폐를 발견하였다고 하자. 그 돈은 길거리에 버려지고, 구겨지고, 구두 발로 짓밟히고, 오물이 묻어서 더럽혀졌다. 그렇다고 당신은 그 돈을 줍지 않고 그냥 길을 가겠는가? 체면 때문에 그 돈을 주울 수 없다면 주위에 아무도 없다고 가정을 하겠다. 그러면 당신은 필시 그 돈을 주울 것이다. 그 돈이 아무리 누군가에게 잃어버린바 되고, 구겨지고, 더럽혀졌다고 하더라도 만 원의 가치는 그대로 있기 때문이다.

　당신의 가치도 마찬가지이다. 당신이 누군가에게 학대를 당하고, 소중한 대접을 받지 못하였다고 하더라도 당신의 가치가 없어진 것이 아니다. 당신은 여전히 하나님의 자녀이며 소중한 사람인 것이다. 예수님은 당신이 아무리 상처로 찢어지고 죄로 인하여 더럽혀졌다고 하더라도 당신을 부끄러워하지 않는다. 히브리서 2장 11절에서 다음과 같이 말하고 있다.

"거룩하게 하시는 이와 거룩하게 함을 입은 자들이 다 한 근원에서 난지라 그러므로 형제라 부르시기를 부끄러워하지 아니하시고"

좀 부족한 것이 있고, 연약한 모습이 있다고 하더라도 당당하라.

어떤 유대인 학교에서 전교 꼴등하는 학생에게 "너는 이다음에 어떤 사람이 될 거니?"라고 물었다. 그러자 그 학생은 옆 자리에 앉은 전교 1등 하는 학생을 가리키면서 다음과 같이 말을 했다고 한다. "나는요. 이 담에 큰 부자가 될 거예요. 그래서 얘를 비서로 쓸 거예요."

얼마나 당당한가? 인생에서 공부가 다가 아니라는 것을 이 아이는 이미 알고 있는 것이다. 어떤 사람 앞에서도, 어떤 환경에도 기죽지 마라. 당신의 인생은 당신이 결정하는 것이다. 하나님은 당신을 인정하는 사람에게 복을 주신다. 욥기 22장 28-29절에는 다음과 같이 기록하고 있다.

"네가 무엇을 결정하면 이루어질 것이요 네 길에 빛이 비치리라 사람들이 너를 낮추거든 너는 교만했노라고 말하라 하나님은 겸손한 자를 구원하시리라"

누가 당신을 무시하거나 비웃거든 그 말에 동의하지 말고 다음과 같이 말하라.

"나는 약하지만 나의 하나님은 강하시다. 나는 그 하나님을 나의 아버지로 모시고 있다. 그러므로 나는 강하고, 존귀한 사람이다. 그 누구도 나를 무시할 수 없다. 하나님 아버지가 나를 돕기 때문에 나는 무엇이든지 할 수 있다."

이와 같이 말을 하는 사람이 겸손한 사람이다. 이는 하나님을 인정하는 것이기 때문이다. 절대로 당신 스스로가 자신의 가치를 떨어

트리지 마라.

팀 슬레지 목사의 《가족치유》에 보면 다음과 같은 예화가 나온다.

한 남자가 숲 속에서 이상한 물건을 발견하였다. 그 남자는 그 물건이 어떤 물건인지 알지 못했으며 어떻게 사용하는지도 알지 못했다. 그 물건의 밑바닥은 그릇의 모양을 하고 있었다. 그래서 그는 물을 담는 그릇으로 사용하였다. 그러자 일부분이 녹슬어서 깨져버렸다. 그러자 그는 그 물건을 땅에 똑바로 묻어서 세웠다. 그 물건에는 몇 개의 줄이 달려있었는데 그는 식물들이 그 줄을 똑바로 타고 자라나도록 했다. 그 물건이 더 녹이 슬어서 단지 나뭇조각만 남았을 때 그는 그 나무를 땔감으로 사용하였다.

얼마 후에 숲 속을 지나면서 그 남자는 자신이 가지고 있던 물건과 똑같은 물건을 가지고 있는 소녀를 보았다. 그는 웃으면서 말했다. "그것은 참으로 여러 가지 용도로 사용할 수 있는 물건이란다." 소녀는 이상하다는 듯이 그 남자를 쳐다보고는 그 작은 아프리카 하프를 가지고 아름다운 노래를 연주하기 시작했다.

남자가 숲 속에서 주운 물건은 음악을 연주하는 아프리카 하프였다. 그런데 그는 그 악기를 몰라보고 물그릇으로 사용하고 결국에는 잠시 몸을 따뜻하게 하는 땔감으로 사용하였던 것이다. 이 이야기를 들은 사람들은 그 남자가 참으로 한심하다는 생각을 한다.

그런데 세상에는 악기의 용도를 모르는 사람처럼 자신의 가치를 모르는 사람이 너무나 많다. 마치 자신이 백조인줄 모르고 못난 오리새끼인 줄 아는 어린 백조처럼, 자신을 비관하며 낮은 자존감의 늪에 빠져서 불행하게 사는 사람들이 얼마나 많은가?

당신은 이제 당신의 참된 신분을 찾아야 한다. 당신은 예수님의 목숨과 맞바꾼 천하보다 귀한 사람이다. 당신은 왕 중에 왕인 하나님의 자녀이다. 곧 당신이 왕자며 공주라는 이야기다. 이것이 당신의 신분이다. 어떠한 상황에 처해도 이 신분에 대한 확신은 흔들리지 않아야 한다. 그래야 게임도 되지 않는 사탄에게 당하지 않는 것이다.

얼마나 많은 하나님의 자녀들이 자신들의 신분을 모르고 자신의 삶을 포기하며 사는지 모른다. 하나님의 말씀에 비춰어서 자신의 가치와 신분을 알아야 하는데, 세상적인 관점과 사고방식으로 자신을 보니 왕자가 아니라, 거지로 보이는 것이다.

당신은 당신의 신분을 알고 있는가?

당신의 신분에 대해서 몇 가지만 확신을 시켜 주겠다.

당신은 하나님의 자녀가 되어서 하나님을 '아바 아버지'라고 부르는 사람이다(롬 8:15). 당신은 이미 거룩함을 입었다(고전 1:2, 3:17). 당신은 이미 하나님께 받아졌다(롬 15:7, 히 13:5). 당신은 이제 흠이 없는 사람이다(엡 1:4, 5:27, 골 2:13). 당신은 이미 천국 백성이다(엡 2:5-6). 당신은 완전해졌다(골 2:9-10). 당신은 전적으로 용서를 받았다(골 2:13, 히 10:17-18). 당신은 마귀를 정복한 사람이다(막 16:17-18, 롬 8:37). 당신은 왕 같은 제사장이다(고전 2:9). 당신은 아브라함의 복을 이을 복의 후손이다(갈 3:29). 당신은 당신의 육신의 부모가 원하기 전에 하나님께서 원하셨고 하나님이 당신을 지으셨다. 시편 139편 13-14절은 이렇게 말하고 있다.

"주께서 내 내장을 지으시며 나의 모태에서 나를 만드셨나이다 내가 주께 감사하옴은 나를 지으심이 심히 기묘하심이라"

당신은 충분히 당신 자신을 사랑해도 좋은 존귀한 존재이다. 자기 사랑은 하나님의 계명을 이루는 것이다.

어느 날 한 율법사가 예수님을 시험하려고 "선생님이여 율법 중에 어느 계명이 크니이까?"라고 물었다. 이때 주님은 다음과 같이 대답하였다.

"네 마음을 다하고 목숨을 다하고 뜻을 다하여 주 너의 하나님을 사랑하라 하셨으니 이것이 크고 첫째 되는 계명이요, 둘째도 그와 같으니 네 이웃을 네 자신 같이 사랑하라 하셨으니 이 두 계명이 온 율법과 선지자의 강령이니라"(마 22:37-40).

이 말씀에서 주님은 이웃을 사랑할 때 "네 자신 같이 사랑하라"고 말씀하셨음에 주의하여야 한다. 주님께서 이렇게 말씀하신 이유는 어느 누구도 자기 자신을 사랑하지 않고는 남을 사랑할 수 없기 때문이다. 그러므로 자신을 사랑하는 것은 하나님의 율법을 지키는 것이다.

자신을 사랑하는 것은 내가 하나님께 지음 받은 자로서 자신이 누구인지를 인식하는 것이다. 현재 자신의 모습이 얼짱, 키짱, 몸짱이 아닌 육체적인 불편함이 있다고 하더라도 타인들의 시각이 아닌, 하나님의 시각에서 자신을 보며 나는 하나님의 작품이라는 자부심을 가지는 것이다.

당신은 닉 부이치치를 알고 있는가? 당신에게 닉의 저서 《닉 부이치치의 허그》를 읽어보기를 권한다. 닉 부이치치는 팔다리가 없이 태어난 호주 청년이다. 그는 자신이 남들과 다르다는 것을 알고 8세 이후에 3번이나 자살을 시도하였다고 한다. 그도 그럴 것이 그는 다른 사람의 도움이 없이는 기본적인 욕구도 채울 수 없었기 때문이다. 밥도 누가 먹여주어야만 그는 생존할 수 있다. 그런 그가 그는 너무 싫었다. 남에게 피해만 주고 짐만 되는 것이 너무나 싫었다. 그는 사춘기를 지나면서 늘 다음과 같은 근심 때문에 두려움을 느꼈다고 한다.

"내가 과연 사랑하는 사람을 만나서 결혼할 수 있을까? 아내와 아이들이 생긴다 해도 어떻게 먹여 살리지? 위급한 일이 생기면 어떻게 가족들을 지켜내지?"

닉 부이치치는 미래를 장담할 수 없었다. 그러나 닉은 15세에 하나님을 인격적으로 만났고, 하나님이 사랑의 하나님이시며, 하나님께서 자신을 실패작으로 만드신 것이 아니라, 자신을 독특하고 개성 있게 만드셨음을 받아들였다. 그 이후로부터 그는 절망하지 않았다.

그는 합력하여 선을 이루시는 하나님을 믿고 소망을 붙들었다. 그는 "소망을 잃는 것은 팔다리를 잃는 것보다 훨씬 치명적이다"라고 충고하고 있다. 그는 다리는 없지만 몸 끝에 발가락이 2개 달린 발이 있다. 닉은 그것으로 컴퓨터를 할 뿐만 아니라 스케이트보드를 타고, 서핑을 하고, 골프공을 치고, 드럼도 연주한다. 중고등학교 때에는 학생회장을 했고, 오스트레일리아 로건 그리피스 대학에서 회계와 경영을 전공했다. 그리고 지금은 전 세계를 다니며 소망을 심어주며 하나님의 사랑을 전하고 있다. 닉은 다음과 같이 말했다.

"나는 청중들에게 더 나은 날이 오리라는 믿음을 잃지 말라는 이야기를 자주 한다. 이것은 주워들은 것이 아니라 내 경험에서 우러나온 말이다. 이미 겪어 보고 하는 소리이므로 믿어도 좋다."

당신은 닉의 말이 듣기 좋게 하는 말이 아님을 알 것이다. 그는 그 누구보다 절망했었다. 그러나 그는 절망이 아닌, 소망을 선택하고 지금은 세상의 그 어떤 사람보다 존귀한 삶을 살고 있다. 아무리 절망적인 사람도 닉을 보고 닉의 말을 들으면 소망을 붙드는 것이다. 그는 사람들에게 희망의 전도자인 것이다.

당신도 선택하여야 한다. 생명과 죽음, 절망과 소망, 실패와 성공 중에서 하나를 선택하여야 한다. 성경은 당신의 삶은 당신이 선택하는 대로 된다고 증거하고 있다. 하나님은 신명기 30장 19절에서 다음과 같이 말씀하시고 있다.

"내가 오늘 하늘과 땅을 불러 너희에게 증거를 삼노라 내가 생명과 사망과 복과 저주를 네 앞에 두었은즉 너와 네 자손이 살기 위하여 생명을 택하고"

하나님은 우리 앞에 생명과 사망, 복과 저주를 놓았는데, 우리가 무엇을 선택하든지 우리의 자유인데, 이왕이면 우리가 살기 위해서 생명을 선택하라고 말씀하시고 있는 것이다. 그러므로 당신의 운명은 당신이 선택하는 데로 되는 것이다.

당신도 닉 부이치치처럼 기적의 주인공이 될 수 있음을 받아들여라. 그러기 위해서는 소망을 붙들고 자신을 진심으로 사랑해야 한다.

자기를 사랑하는 것은 이기심과는 다른 차원이다. 이기심은 상대방을 이용하여 내 욕심을 채우고 상대를 희생시키는 야비한 태도이다. 그러나 자기 사랑은 상대방의 필요를 내 것 만큼 소중하게 생각하는 태도이며, 그러면서 내 필요와 느낌을 중요하게 생각하는 태도인 것이다. 또한 상대방의 유익을 위해서는 나 자신을 자발적이고 호의적으로 포기할 줄 아는 것이 자기 사랑인 것이다. 사도 바울은 이런 사랑을 특히 남편은 아내에게, 아내는 남편에게 주어야 한다고 강조하였다.

"이와 같이 남편들도 자기 아내 사랑하기를 자기 자신과 같이 할지니"(엡 5:28).

자기 사랑은 남과 비교하는 것이 아니다. 바울은 갈라디아서 6장 4절에서 "각각 자기의 일을 살피라 그리하면 자랑할 것이 자기에게는 있어도 남에게는 있지 아니하리니"라고 했다. 이 말씀을 리빙 바이블에서는 다음과 같이 해석하고 있다. "각각 자신이 최선을 다하고 있음을 확신하십시오. 그러면 남과 비교하지 않고도 자기 자신이 한 일을 자랑스럽게 여길 수 있을 것입니다."

자신을 사랑하는 것은 자신의 모습에 만족하며, 자신에게 주어진 삶에 최선을 다하는 것이다. 또한 나를 다른 사람과 비교하지 않고 감사함으로 용납하는 것이다.

3. 성경의 진리를 믿어라

1) 성경은 당신이 느끼는 감정을 표현해도 좋다고 말씀하고 있다.

나는 아내들이 자신의 남편을 두고 다음과 같이 불평하는 소리를 많이 들었다.

"나는 내 남편과 20년을 넘게 살았지만, 내 남편의 속마음을 알 수가 없습니다. 도대체 내 남편은 감정을 표현하지 않습니다. 참으로 답답합니다."

이런 남편들은 보통 자신의 감정을 표현하지 않는 가정에서 성장하였을 가능성이 많다. 역기능 가정에서 성장한 아이들은 자신들의 감정이나 생각을 표현하지 못한다. 아이의 감정은 중독적이고 강박적 성격을 가진 부모의 감정에 의해 뒷전으로 밀리게 된다.

역기능 가정은 항상 불안하고 위기상황에 집중되어 있기 때문에 가족들은 단지 살아남기 위해 위기를 모면하기만 바란다. 이런 환경에서 아이의 감정은 무시되고 부인된다. 아이들이 부당한 대우를 받거나 상처를 받았을 때 감정을 표현하고자 하면 다음과 같은 질책이 쏟아진다.

"화내지마! 그러면 지옥에 가!"

"울지 마! 멍청한 놈만 우는 거야!"

"반항하지 마! 그러면 나쁜 아이야!"

이런 식의 강압적인 명령을 받았기 때문에 정당한 감정을 표현하지 못하게 되었던 것이다. 이런 가정은 상한 감정뿐만 아니라, 기쁜 감정까지도 숨겨야 할 부끄러운 감정으로 왜곡하는 경우가 흔하다.

아이가 감정을 드러낸다고 하더라도 자신의 감정이 아닌 정서적으로 문제가 있는 부모의 감정을 반영하게 된다.

역기능 가정은 정서적으로 결핍된 부모의 감정과 연결되어서 자신의 감정이 아닌, 부모의 감정에 의해 생각하는 법을 배우게 된다. "나는 아버지가 행복해야 나도 행복할 수 있어. 그런데 아버지는 대체로 불행해서." 아이의 다음단계의 생각은 이렇다. "불행한 아버지를 내가 행복하게 만들어야 해."

아이는 아버지를 행복하게 하려고 각종 역할을 한다. 영웅이나 광대의 역할을 하기도 하고, 착하고 말 잘 듣는 "작은 왕자/공주"가 되어서 아버지를 기쁘게 해드리려고 노력을 한다. 이렇게 아이는 마치 빠져나올 수 없는 그물에 빠진 격이 된다. 이렇게 다른 사람에게 그물에 걸리듯 얽히게 되면 그의 감정에 따라 영향을 받게 되어 있다. 그래서 역기능 가정의 아이들은 정서적으로 문제가 있는 부모가 느끼는 것을 느끼고 부모의 감정에 따라 반응하게 된다. 자기 자신의 직접적인 삶의 경험보다 다른 사람의 행동에 의존되는 사람이 되는 것이다.

이제 당신은 거짓 선지자들의 가르침과 세뇌에서 해방되어야 한다. 당신의 감정은 하나님이 주셨다. 그러므로 당신이 희로애락을 표현하는 것은 아주 자연스러운 것이고 정당한 것이다. 하나님은 희로애락을 표현하시는 하나님이시다.

하나님은 천지만물을 창조하시고 기뻐하셨다. 하나님은 하나님의 백성들이 하나님의 사랑을 믿지 못하고 현실만 보면서 원망과 불평을 하실 때, 불뱀에게 물려서 고통을 받게 하실 정도로 화를 내셨다. 예수님 또한 하나님께 예배를 드리고 기도를 드리는 성전이 장사꾼들의 소굴이 되는 것이 화가 나셔서 장사꾼들의 상자들을 엎으실 정도로 화를 내셨다. 또한 구세주이신 주님을 받아들이지 못하고 죄악으로 어두워진 예루살렘과 죽은 나사로의 무덤에서 눈물을 흘리시기도 하셨다. 하나님은 당신을 생각만 해도, 당신의 이름을 부르기만 해도 기뻐서 어쩔 줄 모르신다고 말씀하셨다.

"너의 하나님 여호와가 너의 가운데에 계시니 그는 구원을 베푸실 전능자이시라 그가 너로 말미암아 기쁨을 이기지 못하시며 너를 잠잠히 사랑하시며 너로 말미암아 즐거이 부르며 기뻐하시리라"(스바냐 3:17).

분노의 감정은 나쁜 것이 아니다. 분노를 파괴적으로 표현하는 것이 나쁜 것이다. 분노의 감정은 마치 우리의 마음에 거친 해일이나 폭풍을 일으키는 거와 같다. 폭풍은 잔잔한 바다를 엉망진창으로 만드는 것 같지만, 알고 보면 바다를 정화하는 작업을 한다. 바다가 늘 잔잔하여 평온하기만 한다면 바다 속의 생물들은 산소부족으로 썩고 죽을 것이다. 그래서 하나님은 주기적으로 해일이나 폭풍으로 바다를 흔들어서 바다 깊은 수면까지 산소를 공급하고 불순물을 제거하는 것이다.

분노의 감정 또한 하나님께 감정을 정화하는 과정으로 주신 것이다. 화가 나면 화가 난다고 말을 하되 절대로 파괴적으로 사용하면 안 된다.

감정의 표현은 자연스럽게 해야 하는 것이다. 화가 나면 화가 난다고 말해도 된다. 분노의 감정은 우리의 기본적인 욕구나 권리가 침해되었거나 침해되려고 한다는 신호를 알리는 것이기 때문이다. 그러나 화가 난다고 상대를 때리거나, 욕을 하거나, 소리 지르고 물건을 던지고 부수는 행동은 분노를 잘못 표현한 나쁜 행동인 것이다. 얼마나 많은 가정이 잘못된 분노로 인하여 파괴되는지 모른다.

특히 숨겨진 마음의 상처와 상실감으로 인한 분노의 감정을 올바로 처리하지 못하면 심각한 후유증이 생긴다. 분노의 감정이 치유되지 않은 채 오랫동안 누적되어 차갑고 딱딱하게 변하면 증오(hatred)가 된다. 증오는 원한의 마음이나 혐오감, 연민이나 죄의식이 없는 마음이다.

억압된 분노를 치유하지 않으면 엉뚱한 곳에서 비합리적으로 과격하게 표출되는 격노(rage)로 변한다. 격노는 사소한 일에도 지나치게 분노하고, 엉뚱한 곳에서 걷잡을 수 없이 화를 내고, 한번 폭발하면 잘 다스려지지 않는 것이다. 이런 감정이 치유되지 않고 결혼을 하면 아무 죄도 없는 배우자에게 폭발하게 되는 것이다. 이런 분노는 내적 치유기도 시간에 억압당했던 고통과 슬픔을 충분히 애도해 주고 펑펑 울면서 치유해 주어야 한다. 상처받은 자신을 불쌍히 여기며 충분히 울어서 독소를 빼내야 한다. 그래야 배우자에게 공격적인 분노를 터트리는 버릇을 고칠 수 있다.

우리는 건전한 분노와 죄가 되는 분노를 분별할 줄 알아야 한다. 불의를 보고 느끼는 분노는 거룩한 분노이다. 예수님도 이런 분노를 나타내셨다. 그러나 죄가 죄는 분노는 다스릴 줄 알아야 한다. 죄가 되는 분노는 다음과 같다.

자기의 욕심이 충족되지 못해서 나오는 분노, 미움과 질투 그리고 교만한 마음에서 오는 분노, 완벽주의적인 욕구가 충족되지 않아서 생기는 분노, 의심에서 나오는 분노, 다른 사람의 행동이 자신과 같이 않을 때 생기는 분노, 이상의 감정에서 나오는 분노들은 잘못된 분노이다. 이런 분노를 해결하는 방법은 모든 사람은 개성이 다르게 창조되었다는 것을 인정하고 받아들여야 한다.

자존심이 상할 때와 손상을 받을 때, 그리고 불의를 볼 때 느끼는 분노는 정당한 분노이다. 정당한 분노는 정당한 방법으로 표현되어야 한다. 정당한 분노는 말로 표현하되 지혜롭게 해야 한다. 분노를 표현하는 목적은 상대에게 고통을 주는 것이 아니라, 상대와 올바른 관계를 유지하고 화해하는 것이 목적이 되어야 한다. 그러기 위해서는 분노를 표현할 때 상대를 비난하거나 상해를 입히면 안 되는 것이다. 한 번 잘못된 분노의 폭발은 배우자에게 지울 수 없는 상처를 줄 수 있다. 그러므로 분노의 감정을 느낄 때는 그 분노가 정당한지 아닌지 분별하는 통찰력이 필요하다. 당신이 느끼는 분노가 정당한 분노라면 그 분노를 지혜롭게 표현하는 것이 중요하다. 분노를 정당하게 표현하는 방법은 다음과 같다.

첫째, 상대방을 비난하지 말고 자신의 감정만을 말하라.
분노의 감정의 원인이 되는 사람을 담대히 만나서 '당신은'이라는 표현보다는 '나는'이라는 표현을 써서 비난하지 말고 당신의 감정만을 말해야 한다.

둘째, 한 가지 문제만을 끄집어내라.
셋째, 상대방이 반응할 기회를 주라.
넷째, 말다툼의 목적은 감정해소이지 상대방을 정복하려는 것이 아니다. 논쟁에서 이기면 사람을 잃는다는 말이 있다는 것을 명심하라.

다섯째, 분노의 감정을 표현할 때 그와 똑같은 애정을 쏟아 부어 사랑과 우정에 균형을 잡아야 한다.

여섯째, 예수님이라면 어떻게 하실까? 생각해 보라.

일곱째, 자존감을 높이라. 화를 잘 내는 것은 열등감을 나타낼 수 있다.

여덟째, 할 수만 있으면 빨리 용서해서 분노가 증오와 격노로 변하지 않게 해야 한다.

성경은 하루해가 지기 전에 용서하라고 권하고 있다.

"분을 내어도 죄를 짓지 말며 해가 지도록 분을 품지 말고 마귀에게 틈을 주지 말라"(엡 4:26-27).

분노를 오랫동안 품고 있으면 세로토닌과 노에피네프린이 결핍이 생겨서 몸에 이상이 와서 여러 가지 질병에 노출이 되기 쉽다고 한다. 그러므로 성경 말씀대로 분노의 감정을 속히 용서하고 해결하라.

아홉째, 해결되지 않는 분노의 감정과 복수는 하나님께 맡기라.

사람은 누구나 자신이 받은 것만큼 돌려주고 싶은 감정이 있다. 그러다보면 자신도 모르게 죄를 짓는 경우가 허다하다. 얼마나 많은 사람들이 순간적인 분노를 참지 못하고 돌이키지 못하는 강을 건너는 경우가 많이 있는가! 그래서 바울은 "분을 내어도 죄를 짓지 말라"고 경고하였던 것이다. 바울은 로마서 12장 19절에서 다음과 같이 말하고 있다.

"내 사랑하는 자들아 너희가 친히 원수를 갚지 말고 하나님의 진노하심에 맡기라 기록되었으되 원수 갚는 것이 내게 있으니 내가 갚으리라고 주께서 말씀하시니라." 복수의 감정은 하나님께 맡겨야 한다.

많은 사람들이 분노의 감정을 느끼고 있으면서도 그 감정을 숨기거나 아니면 스스로도 그것을 모르는 경우가 있다. 당신 속에 숨겨진 분노의 감정이 있는지 다음의 테스트를 해 보라. 다음 중 자신에게 해당되는 증상에 ☑표를 하라.

- ☐ 대수롭지 않은 일로 긴장감을 자주 느낀다.
- ☐ 부과된 과제를 제 시간에 완수하지 않고 지연시킨다.
- ☐ 비관적 사고를 자주 한다.
- ☐ 상대방에게 불쾌감을 느낄 때, 대화를 중단하거나 상대를 하지 않는다.
- ☐ 상대가 나의 욕구를 이해하지 못할 때, 심적으로 괴로움을 느낀다.
- ☐ 나에게 요청하는 일을 하는데 있어서 까다롭게 굴고 비협조적인 경향이 있다.
- ☐ 다른 사람이 나보다 더 행복하다는 것을 알았을 때, 나는 좌절감을 느낀다.
- ☐ 어떤 사건에 직면했을 때, 어떻게 그 일을 처리할 것인가에 대하여 지나치게 걱정한다.

- ☐ 좋아하지 않는 사람과 만나는 것을 피하기 위하여 다른 방향으로 걷는다.
- ☐ 나에게 잘못을 저지른 사람을 쉽게 잊지 못한다.
- ☐ 모든 일들을 매우 공격적으로 한다.
- ☐ 어떤 사람의 평판에 대해서 확인도 없이 중상 모략하는 경향이 있다.
- ☐ 마음속으로는 상처를 받았음에도 겉으로는 태연하게 행동한다.
- ☐ 가학적이고 무례하거나, 빈정거리거나 냉소적인 경향이 있다.
- ☐ 한숨을 자주 쉰다.
- ☐ 부자연스럽고 가식적인 예의바름과 쾌활함을 자주 보인다.
- ☐ 우스운 것이 없는데도 웃는다.
- ☐ 빈정거림을 유머스럽게 표현하는 특징을 지니고 있다.
- ☐ 악몽이나 거슬리는 꿈을 자주 꾼다.
- ☐ 수면에 어려움이 있다.
- ☐ 이전에 흥미를 느꼈던 것에 대해 지루함을 느끼고, 냉담하고 흥미를 잃는다.
- ☐ 움직임이 느려지는 것이 분명하게 나타난다.
- ☐ 사소한 일에 과도하게 짜증을 낸다.
- ☐ 도피 수단으로 평소보다 잠이 늘어난다.
- ☐ 부적절한 시간에 졸음이 오는 것을 느낀다.
- ☐ 턱 관절 부위에 통증을 느낀다.
- ☐ 우울증을 자주 느낀다.
- ☐ 과로하며 과잉 성취하려는 경향이 있다.
- ☐ 여러 가지 스트레스성 신체 증상을 겪는다.

> 예) 복부 통증, 목 부위 통증, 안면 근육 경련, 발동작 경련, 습관적으로 주먹을 쥠, 위궤양, 막연한 통증, 고혈압, 기타 여러 가지 정신, 신체 질환.

위의 질문에서 10개 이상 해당된다면 깊은 상처로 인한 억압된 분노 문제가 당신에게 있다고 보아야 한다. 15개 이상 체크했다면 심각한 분노의 증상이 있다고 보아야 한다. 당신은 여러 가지 일에 좌절과 실망을 겪고 있고, 자주 짜증을 내는 자신을 발견할 것이다. 이 또한 분노의 감정인 것이다. 그 분노의 감정을 하나님께 맡기고 하나님께서 치유해 주시도록 기도하라.

우리는 분노의 감정뿐만 아니라 슬픔의 감정도 표현해야 한다. 억눌린 분노도 심각한 부작용을 낳지만, 표출되지 않는 슬픈 감정 또한 심각한 부작용을 낳는다.

당신은 남자는 울면 안 된다는 편견을 가지고 있는가? 가장 훌륭한 남자인 예수님도 눈물을 흘리셨다. 몬테규는 《울 수 있는 자유》라는 책에서 "울 수 있는 자유는 개인의 건강에 도움을 주며, 다른 사람들의 행복을 위해 더 깊은 영향을 끼칠 수 있도록 해 준다."고 했다. 당신의 감정을 숨기지 마라. 좋으면 좋다, 싫으면 싫다, 화가 나면 화가 난다, 슬프면 슬프다고 말하라. 그것이 당신에게나 다른 사람에게 좋다. 다음의 시는 어쩌면 당신의 심정을 대변해 주는 시일 것 같아서 소개한다.

숨바꼭질 놀이

나는 숨바꼭질 놀이를 하는 아이지요
나는 누군가를 기다려요
이름을 부르며
"찾았다!"고 말하는 그 누군가를

주님, 당신이 바로 그렇게 하셨지요!
당신이 나를 발견하셨지요.

가장 어리석고 가장 슬픈 곳에서
오랜 원한 뒤에 숨어 있던 나를,
실망의 목소리에 눌리고 죄책감에 엉켜 있던 나를
성공으로 숨이 막혀 있던 나를
아무도 듣지 않는 흐느낌으로 목이 메어 있던 나를

당신이 나를 발견하셨지요
나의 이름을 속삭이듯 부르며
"찾았다!"고 하셨지요.
나는 당신을 믿는 답니다.
당신의 말씀이 의미하는 바를 믿는 답니다.

이제
내면의 눈물이 울음되어

뺨을 적십니다.
이제는
숨바꼭질 놀이를 그만 하렵니다.

2) 성경은 당신이 원하는 것을 원해도 괜찮다고 말씀하고 있다.

역기능 가정에서는 자녀들의 필요와 욕구보다는, 문제를 가지고 있는 어른의 욕구가 우선이기 때문에 자녀들은 자신의 필요와 욕구를 억누르거나, 아니면 자신이 어떤 욕구를 가지고 있는지 조차 모르는 무감각한 상태가 된다. 이렇게 성장한 아이는 어른이 되어서도, 자신의 필요와 욕구를 채우려고 하거나 표현하지 못하는 사람이 된다. 심지어 결혼을 해도 배우자에게도 자신이 무엇을 좋아하는지, 무엇이 필요한지도 말을 하지 않게 되는 것이다. 그러니 부부간에 정상적인 정서적 교류가 있을 수 없다.

이제 당신의 필요와 욕구는 정상적인 것이며, 하나님께서 당신의 필요와 욕구가 채워지기를 원하시고 있다는 것을 믿어야 한다. 민수기 6장 24-26절에서 하나님은 다음과 같이 말씀하시고 있다.

"여호와는 네게 복을 주시고 너를 지키시기를 원하며
여호와는 그의 얼굴을 네게 비추사 은혜 베푸시기를 원하며
여호와는 그 얼굴을 네게로 향하여 드사
평강 주시기를 원하노라 할지니라 하라"

하나님은 당신에게 복을 주시고, 악한 세상에서 지키시기를 원하시고, 조건없이 은혜를 주시기를 원하시고, 평강주시기를 원하시고

있다. 또한 그분은 당신에게 당신이 원하시는 것보다 더 많이 복을 주시기를 원하시고 있다. 당신은 당신을 사랑할 뿐만 아니라, 하나님을 사랑해야 한다. 그러면 하나님은 당신이 원하는 이상으로 꿈같은 축복을 주실 것이다. 고린도전서 2장 9절은 다음과 같이 말씀하시고 있다.

> "하나님이 자기를 사랑하는 자들을 위하여 예비하신 모든 것은 눈으로 보지 못하고 귀로도 듣지 못하고 사람의 마음으로 생각하지도 못하였다 함과 같으니라."

하나님은 육신의 부모와 다르신 분이시다. 역기능가정의 부모들은 자신들의 필요나 욕구가 충족된 적이 없기 때문에 자녀들이 도움을 요청하고 뭔가를 원하면 화를 낸다. 당신이 당연히 요구해도 좋은 욕구를 표현하지 못하고 말하지 못한 것은 바로 그런 부모 밑에서 성장했기 때문이다. 당신의 속마음을 표현했다가 부모들에게 괜히 창피를 당하고 수치 감정만 드는 것이 아닌가하는 두려움 때문에 정당한 욕구도 표현하지 못하게 된 것이다.

그러나 이제는 두려워하지 말고, 당신이 원하는 것을 말해도 된다. 예수님은 그에게 어떤 요구를 하였을 때, 한 번도 거부하신 적이 없다. '너는 기도가 부족해서 안 되겠다.' '너는 죄가 많아서 안 되겠다.' '너는 정성이 부족하니 헌금을 더 많이 해라.' 등등으로 주님에게 요구한 사람들을 그냥 돌려보내시지 않으셨다. 오히려 그분은 "나는 의인을 부르러 온 것이 아니요, 죄인을 불러 회개시키러 왔다."고 말씀하셨다. 그분은 아흔아홉의 양보다 한 마리 잃어버린 양을 찾으시는 분이다(마 18:12-14). 주님은 당신의 요구를 거절하거나 수치스럽게 생각하시지 않으신다. 그분은 오히려 마태복음 7장 7-8절에서 당신에게 요구하라고 권하고 있다.

"구하라 그리하면 너희에게 주실 것이요 찾으라 그리하면 찾아낼 것이요 문을 두드리라 그리하면 너희에게 열릴 것이니 구하는 이마다 받을 것이요 찾는 이가 찾아낼 것이요 두드리는 이에게 열릴 것이니라"

예수님 이름으로 담대히 하나님께 당신의 요구를 구하라. 그러면 얻을 것이다. 또한 당신의 배우자에게 당신의 요구를 표현하라. 당신이 마음을 열어서 말을 해야 당신이 무엇을 원하는지 상대가 알 수 있지 않겠는가. 당신의 요구가 배우자에게 해가 되는 것이 아니라면, 당신이 마음을 열어 보인 것에 대하여 오히려 감사할 것이다. 그러나 상대에게는 당신의 요구를 거절할 자유도 있음을 인정해야 할 것이다.

3)성경은 항상 진실을 말하라고 권하고 있다.

역기능가정에는 많은 비밀들이 있다. 그 비밀을 숨기기 위해서 가족들은 거짓말을 자연스럽게 하게 된다. 그런 가정에서 아이는 살아남기 위해서 자신도 진실을 왜곡하는 사고방식을 갖게 되고 마술적인 사고를 하는 버릇을 가지게 된다.

어린 아이들은 자신에게 엄청난 힘이 있어서 자신이 생각하는 데로, 자신을 중점으로 우주가 돌아간다고 생각한다. 비행기사고나 교통사고가 난 뉴스를 보면 자신이 기도를 하지 않았거나, 거짓말을 해서 그런 일이 일어났다고 생각한다. 보통 정상적인 가정의 아이들은 성장해 가면서 이런 마술적인 사고에서 벗어난다. 그런데 문제가 있는 가정에서 성장한 아이들은 이런 마술적인 사고가 고착된다.

건강하지 않은 가정에서는 아버지가 술을 마신다든지, 부모가 이혼을 했거나, 어머니가 잔소리를 하는 것은 모두 너 때문이라고 말하는 경우가 많은데, 마술적인 사고를 가진 아이는 그 말을 액면 그대로 받아들인다. 그래서 자신이 실제로 나쁜 사람이라고 받아들이는 것이다. 아이는 자신의 이미지가 나쁜 사람이기 때문에 거기에 맞는 나쁜 행동을 하거나, 거짓말을 자연스럽게 하게 되는 버릇이 생긴다. 이런 왜곡된 자신의 이미지를 고치지 않으면 대인관계에 많은 어려움을 겪게 된다. 또한 결혼을 해서도 배우자에게 사소한 것도 진실을 말하지 못하고 거짓말을 하게 되어 부부갈등의 원인이 된다. 진실하라. 거짓말하지 마라. 그것이 행복의 지름길이다.

당신은 하나님께 받아졌으며 그의 자녀가 되었다. 이제 당신은 육신의 부모가 아닌, 영의 부모인 하나님을 닮아가야 한다. 하나님은 모든 것을 다 하실 수 있지만, 거짓말만 하지 못하신다. 하나님은 진실의 하나님이시기 때문이다. 그러므로 이제 당신은 거짓말하는 습관을 버려야 한다.

성경은 마귀를 거짓의 아비라고 말하고 있다. 거짓말은 마귀의 자식이나 하는 것이다. 그래서 바울은 골로새서 3장 9절에서 "너희가 서로 거짓말을 하지 말라 옛 사람과 그 행위를 벗어버리고"라고 충고하였던 것이다. 요한계시록 21장 8절에서는 거짓말하는 자는 천국에도 가지 못하고 불과 유황으로 타는 지옥에 던져진다고 하였다.

"그러나 두려워하는 자들과 믿지 아니하는 자들과 흉악한 자들과 살인자들과 음행하는 자들과 점술가들과 우상 숭배자들과 거짓말하는 모든 자들은 불과 유황으로 타는 못에 던져지리니 이것이 둘째 사망이라."

4)성경은 사람은 완벽하지 않다고 말하며 또한 당신을 부끄럽게 생각하지 않는다고 말하고 있다.

"두려워하지 말라 네가 수치를 당하지 아니하리라 놀라지 말라 네가 부끄러움을 보지 아니하리라 네가 네 젊었을 때의 수치를 잊겠고 과부 때의 치욕을 다시 기억함이 없으리니"(사 54:4).

만약에 당신에게 수치심에 기반을 둔 정체감을 가지고 있다면 다음과 같은 증상이 있을 것이다.

* 말에 실수를 할까봐 차라리 아무 말도 하지 않는 편이다.
* 다른 사람들이 부끄러운 일을 하는 것을 보고 수치심을 느낀다.
* 신뢰할 만한 사람에게도 부모님의 중독적인 행동에 대해서 이야기하는 데 어려움을 느낀다.
* 자신의 신체적인 모습이 매우 특이하다는 강한 느낌을 가지고 있다. 그것이 자신을 당황하게 만든다.
* 때때로 사람들이 다른 사람들과 함께 자연스럽고 여유 있게 대화하는 것을 보면서 어떻게 그렇게 자연스럽게 보이는지 이해할 수 없다. 자신은 절대로 그렇게 할 수 없다고 느낀다.
* 많은 사람들이 있는 곳에 들어갈 때 다른 사람들의 시선이 집중

되는 것이 싫다.
* 누군가가 나에게 어떤 질문을 할 때, 때때로 질문을 한 사람이 당황할 정도로 방어적인 대답을 한다.
* 다른 사람에게 인정을 받고 사랑을 받으려면, 자신의 장점이나 보여주기 원하는 부분만을 보여줘야 한다고 생각한다.

당신에게 위와 같은 증상이 있는 것은 역기능 가정에서의 영향 때문이다. 자녀들은 그들의 부모와 정서적으로 속박되어 있다. 그래서 부모가 어떤 수치심을 가지고 있으면 자녀도 똑같이 그 수치심을 갖게 된다. 특히 역기능 가정의 자녀들은 부모의 감정에 따라 자신의 감정도 결정되기 때문에 수치심의 전달은 강하게 나타난다.

이런 가정에는 남들에게 들켜서는 안 되는 비밀이 많다. 이런 비밀자체가 자녀들에게는 수치심이 된다. 또한 학대를 받았다거나, 외상(trauma)을 입었을 경우에도 수치심을 가지게 된다. 역기능 가정의 아이들은 대부분의 경우 정서적으로 깊은 상처를 받아도 그 상처를 털어놓고 이야기하고, 그것을 처리할 기회를 갖지 못한다. 이것이 수치심을 갖게 되는 원인이 된다. 아이들은 수치심을 숨기기 위해서 완벽주의 가면을 쓰는 버릇이 생긴다.

아이들은 자기 자신이 완전하지 못하기 때문에, 자신이나 집에 안 좋은 일들이 일어난다고 생각하기 때문에 매사에 완벽해지려고 힘겨운 싸움을 시작한다. 이 싸움은 수치심을 숨기기 위한 것이기 때문에 평생을 완벽주의 가면을 쓰고 힘들게 살게 된다.

샌드라 윌슨(Sandra Wilson)은 《수치심 벗어나기》라는 책에서 수치심을 "세상사람 어느 누구에게도 없는 잘못된 그 뭔가가 유독 자신에게만 있다고 느끼는, 영혼 깊은 곳에 자리 잡은 의식"이라고 말했다.

수치심은 죄책감과 유사한 듯하면서도 꽤 다른 일면이 있다. 굳이 구분하자면 죄책감은 자신의 부적절한 '행동'에 대해 느끼는 부정적인 감정이라면, 수치심은 그런 부적절한 행동을 한 '자신'에 대해 느끼는 부정적인 감정이다. 이렇듯 수치심은 자신을 거부하고 거절하는 무서운 결과를 낳는다.

병적인 수치심을 가지고 있는 사람은 자신에게만 유독 허물이 있다고 생각하기 때문에 그것을 숨기기 위해서 다양한 방법을 동원한다. 반항아의 경우는 수치심을 느끼지 않는 것처럼 뻔뻔하게 행동함으로써 수치심을 부인한다.

어떤 경우는 경직되고 엄격한 생활규율을 만들어놓고 철저히 지킴으로써 수치심으로부터 행방될 수 있다고 믿는다. 어떤 경우는 수치심을 다른 사람에게 전가시킴으로 수치심을 부인하기고 하고, 감정 자체를 부인함으로써 수치심을 부인하기도 한다. 어떤 경우는 충동적인 행동, 즉 알코올중독, 일중독, 분노중독, 종교중독, 마약중독, 성공, 음식, 성, 운동, 외모 가꾸기, 학문, 등등의 중독에 빠짐으로써 수치심에서 벗어나려고 한다. 그리고 마지막으로 완벽주의 가면을 쓰는 것이다.

완벽주의는 결함을 감추기 위해 사용하는 건전하지 못한 생각이나 태도를 말하는데, 일반적으로 건강하지 못한 자아 개념을 감추고 그 이면에 깔린 속박적인 수치심을 덮어두는 수단으로 사용하는 것이다.

초보 완벽주의자들은 비록 사소한 일일지라도 생사가 걸린 심각한 문제로 받아들이고 반드시 으뜸이 되고 싶어 한다. 자신은 물론이고 다른 이들에게도 철저한 청결과 정리정돈을 요구한다. 완벽주의자는 무슨 일을 해도 만족하지 못한다. 무슨 일을 할 때 실패를 하게 되면 자기학대를 한다. 그로 인해서 자존감을 상실하게 되고 결국에는 우울증에 빠지게 된다.

이들은 완벽주의 성격 탓으로 보통 사람들이 할 수 없는 큰일을 해내서 사람들에게 칭찬을 받기도 한다. 그러나 자신은 무엇인가를 '위조했을 뿐'이라는 죄의식에 시달린다. 이런 불편한 의식에 시달리는 완벽주의자들의 사고를 '가면 현상(Imposter Phenomenon)'이라고 부르는데, 가면 현상에 빠진 이들은 스스로 쓸모없고 한심한 사기꾼이라는 사실이 언젠가는 드러나게 될 것이라고 두려워한다.

완벽주의자들은 하나님도 완벽한 분으로 알기 때문에 신앙생활을 대강하지 않고 최선을 다한다. 기도도 열심히 하고, 봉사도 열심히 하고, 헌금도 힘껼게 한다. 그러면서도 마음에는 기쁨이 없다. 자신이 아무리 열심히 노력을 해도 하나님은 자신에게 만족하시지 않는다고 믿기 때문에 신앙생활을 열심히 하면서도 늘 마음속으로는 낙심을 한다. 당신이 이런 타입이라면 걱정하지 마라. 당신을 가장 잘 이해하시는 분이 예수님이기 때문이다.

예수님은 완벽주의자들이 있는 곳에서 성장하였다. 예수님의 주변에는 정죄하기 좋아하는 완벽주의자인 바리새인들이 있었다. 그들 중에 니고데모가 있었다. 니고데모는 최고의 지성인이고 완벽주의를 요구하는 바리새인들 중의 한 사람이었다. 그의 철학은 '하나님 말씀에 순종하라, 그러면 하나님의 사랑을 얻을 것이다. 하나님의 율법을 시켜라 그러면 복을 받을 것이다'였다. 그러나 최선을 다했지만 니고데모의 마음에는 늘 텅 빈 것 같은 공허감이 있었고 만족함과 기쁨이 없었다. 허탈감에 시달리던 니고데모는 어느 날 예수님을 늦은 밤 시간에 찾아와서 영생과 만족을 얻는 것에 대해서 질문을 하였다. 그런 니고데모에게 예수님은 다음과 같이 대답하셨다.

"진실로 진실로 네게 이르노니 사람이 거듭나지 아니하면 하나님의 나라를 볼 수 없느니라"(요 3:3).

예수님의 이 말씀은 다음과 같은 뜻을 내포하고 있는 말씀인 것이다. "니고데모야, 너는 모든 일에 완벽하게 행하고 있다고 믿고 있지? 너는 네가 신앙적인 행위와 도덕적인 행위로 하나님을 기쁘시게 한다고 믿고 있지? 물론 나는 행함이 있는 신앙이 옳다고 생각한다. 그러나 니고데모야 너는 하나님에 대해 오해를 하고 있다. 너는 선한 행위로만 구원을 받는다고 생각하고 있는데, 아니란다. 구원은 행위가 아니라 믿음이야! 믿음 없는 행위는 가치가 없단다. 이것을 네가 깨달으려면 거듭나야 되느니라."

니고데모는 예수님의 말씀이 무슨 말씀인지 이해를 못했다. 그러나 그는 예수님이 십자가에서 돌아가셨을 때 예수님의 말씀을 깨닫게 되었다. 그는 회심 전에는 하나님의 사랑을 행위와 순종을 통해서만 얻을 수 있다고 믿었는데, 이제는 하나님의 사랑이 신뢰와 순종을 낳고 행동으로 옮기는 믿음을 낳는다는 진리를 알게 되었던 것이다. 회심 전에는 단순히 율법과 도덕적인 의로움으로 구원을 받는다고 믿었는데, 이제는 구원이 의로움을 가져온다는 것을 이해했던 것이다.

당신이 하나님을 먼저 사랑해서 하나님이 당신을 사랑하는 것이 아니라, 하나님이 먼저 당신을 사랑해서 예수님을 희생하셨기 때문에, 당신은 그 사랑을 깨닫고 하나님을 사랑하는 것이다. 이에 대해 사도 요한은 다음과 같이 말하고 있다.

"사랑은 여기 있으니 우리가 하나님을 사랑한 것이 아니요 하나님이 우리를 사랑하사 우리 죄를 속하기 위하여 화목 제물로 그 아들을 보내셨음이라"(요일 4:10).

당신이 죄가 없는 완벽한 사람이라서 하나님이 당신을 사랑하는 것이 아니라, 당신이 허물이 큰 죄인이기 때문에 당신을 사랑하시고, 당신을 위해서 독생자 예수님을 희생재물로 드렸던 것이다. 그러므로 하나님은 용서의 하나님이시지 정죄의 하나님이 아니시다.

세상은 완벽한 사람들로 가득 차 있는데 자신은 완전치 못하므로 다른 이들과 어울려 살 수 없다는 생각은 처음부터 끝까지 모두 거짓된 환상이다. 성경은 세상이 불완전하고 죄 많은 인간들로 구성된 일그러진 세계라고 선언한다. 로마서 3장 10절은 "의인은 없나니 하나도 없으며"라고 말씀하고 있다. 하나님의 은혜에 대한 역설을 받아들여라. 은혜란 자격 없는 사람에게 주어지는 것이 은혜이다. 그런데 완벽주의자들은 자신이 자격이 없다는 것을 시인하는 것을 어려워한다. 본래 인간이란 완벽할 수 없는 존재임을 자신에게 인식시켜라.

"그 정도면 됐어. 완전하지는 않지만, 괜찮은 편이야." 이런 정신이야말로 인생을 자유롭게 하는 접근 방법이다. 인간이기 때문에 불완전한 것이지 다른 이들만 못해서 완벽하지 않은 게 아니다. 성경은 우리 인간이 완전하지 않는 것이 정상이라고 말씀하신다(롬 8:23).

하나님의 사랑과 능력은 당신이 자신의 연약함을 인정할 때 온전하게 임한다. 그래서 사도 바울은 고린도후서 12장 9절에서 다음과 같이 고백하였던 것이다.

"나에게 이르시기를 내 은혜가 네게 족하도다 이는 내 능력이 약한 데서 온전하여짐이라 하신지라 그러므로 도리어 크게 기뻐함으로 나의 여러 약한 것들에 대하여 자랑하리니 이는 그리스도의 능력이 내게 머물게 하려 함이라."

하나님은 당신이 영적인 성장을 위하여 높은 비전과 목표를 갖기 원하신다. 또한 당신이 다른 사람들보다 탁월하기를 원하신다. 그러나 당신이 완전주의자가 되는 것은 원치 않는다. 완전주의자는 자신뿐만 아니라 다른 사람들도 피곤하게 만들고 관계를 깨트리기 때문이다. 그러므로 이제는 완전주의 가면을 과감히 벗어버려라. 그 가면은 잘못 양육된 과정에서 생긴 것이다.

부모의 문제나 가정의 비밀 때문에 생긴 수치심 또한 마찬가지이다. 부모님들이 문제 자체를 부인할 때 당신은 그러한 수치를 당신 것처럼 받아들이는 잘못된 학습을 한 것이다. 그러나 그것은 당신의 것도 아니며 당신의 모습도 아니다. 그것은 다른 사람이 당신에게 준 것이다. 이제 그 무거운 짐을 벗어버려야 한다.

수치심의 무거운 짐을 벗어버리는 것은 먼저 당신을 사랑하고 당신이 신뢰할 수 있는 사람에게 말을 하는 것이다. 상대방이 목사라고 무조건 신뢰하면 안 된다. 내가 전도사 시절에 나는 나의 문제점을 나이드신 한 목사에게 고백했다. 그는 나의 말을 듣는 순간 웃음을 터트렸다. 그런 후에 그는 주위 사람들에게 나의 말을 퍼트렸다. 이렇듯 상담의 기본적인 자질도 갖추지 못한 목사들이 많다. 가장 좋은 방법은 전문적인 교육과 상당한 경험을 가지고 있는 상담자가 운영하고 있는 치유세미나에 참석하여 당신의 이야기를 하는 것이 좋다. 그럴만한 형편이 되지 않으면 조용한 시간에 하나님 앞에 서라. 그리고 이 책이 제시하는 내적기도를 하라. 그럼 좋은 효과를 볼 수 있을 것이다.

"누가 능히 하나님의 택하신 자들을 고발하리요 의롭다 하신 이는 하나님이시니 누가 정죄하리요 죽으실 뿐 아니라 다시 살아나신 이는 그리스도 예수시니 그는 하나님 우편에 계신 자요 우리를 위하여 간구하시는 자시니라"(롬 8:33-34).

5) 성경은 일한 후에는 쉬라고 말씀하고 있다.

역기능 가정 출신들이 일중독에 빠지는 것은 어렸을 때 부모로부터 다음과 같은 메시지를 주기적으로 들었기 때문이다.
"멍청하게 그것밖에 못하니? 좀 더 잘해봐!"
"비웃음을 당하지 않으려면, 흠없이 완벽해야 해!"
"빈둥거리지 말고, 열심히 해!"
"최고가 되려면 끊임없이 노력해야 해!"
이와 같은 말들은 얼핏 들으면 성장을 위해서 필요한 말들이다.

그러나 이와 같은 말들이 나이에 맞지 않는 요구를 한다거나, 90점을 맞았는데도 불구하고 1문제 틀린 것 때문에 구타를 당한다거나 '멍청한 놈! 옆집 아이는 100점 맞았다고 하더라.'는 등의 비난을 받는다면, 아이는 자신이 남보다 못하다는 생각을 갖게 되고, 그러한 생각이 일중독에 빠지게 되는 원인이 된다.

성경에는 온전하라, 완벽하라는 말이 나온다. 그러나 그것은 당신에게 어떤 흠도 결점도 없는 완벽한 인간이 되라는 요구가 아니다. 그 말씀의 참뜻은 '성숙한 사람'이 되라는 것이다.

공장에서는 상품을 만들 때, 흠이 없이 완벽하게 만들어야 한다. 그러나 인간의 성품과 인간관계에서는 완벽하거나 흠이 없을 수는 없다. 왜냐하면 모든 인간은 부족하기 때문이다.

성경에는 일하지 않는 자에게는 먹을 것도 주지 말라고 하시면서 6일 동안 열심히 일을 할 것을 권하고 있다. 그러나 제7일에는 아무 일도 하지 말고 쉬라고 명령하고 있다는 것을 명심하기 바란다.

역기능 가정의 출신의 사람들은 쉬는 것에 대해 죄책감을 가지고 있다. 그 이유는 수치심을 숨기기 위해서 완벽주의 성격을 형성한 이유도 있고, 부족한 부모의 필요를 대신 채워주거나, 무엇인가 자신이 일을 해야만 가정의 부족함이 채워질 수 있다거나, 아니면 비교의식에 상처를 받았거나, 부모로부터 '빈둥거리지 말라'라는 말을 자주 들었기 때문일 것이다. 그래서 이들은 일중독에 빠져서 잠시를 쉬지 못한다.

그러나 하나님은 우리들에게 쉼과 안식이 필요함을 아신다. 사람은 일만 하고 쉬지 못하면 육체적으로나 정신적으로 피로가 쌓여서 질병에 걸리거나 우울증에 빠지기 쉽다. 구약성경에 보면 엘리야라는 위대한 하나님의 사람이 나온다. 그는 450대 1로 이방 제사장들과 대결을 하여 승리한 대단한 선지자이다(왕상 19장). 그런 그도 지나친 에너지의 소비로 말미암아 죽고 싶을 정도로 심각한 우울증에 빠졌었다. 하나님은 그에게 까마귀를 통하여 떡과 고기를 가져다주게 하시고 편안하게 쉬게 함으로 건강을 회복하게 하셨다. 적당할 때의 휴식은 에너지를 보충하는 것이다. 이런 이야기가 있다.

옛날 중년의 한 남자가 산에서 젊은 나무꾼을 만났다. 젊은 나무꾼은 땀을 뻘뻘 흘리면서 큰 나무를 힘들게 톱질하고 있었다. 그런 모습을 한참 동안 지켜보던 중년의 남자가 나무꾼에게 질문했다.

"톱질이 잘 됩니까?"

젊은 나무꾼이 퉁명스럽게 대답했다.

"보면 모릅니까? 지금 몇 시간을 매달려서 톱질을 하고 있는데 나무가 너무 단단해요."

"많이 피곤해 보이는 군요."

"먹고 살기가 정말 힘들어죽겠습니다. 젠장."

젊은 나무꾼은 투덜거리면서 힘들게 톱질을 계속하고 있었다.

"톱날이 무뎌진 것 같군요."

중년 남자는 이렇게 말하면서 자신이 30년 넘게 나무꾼으로 일해 왔다는 것은 말하지 않았다. 젊은 나무꾼은 톱질을 멈추지 않으면서 대답했다.

"톱날이 다는 것은 당연하죠. 이놈으로 밥벌이를 하고 있는데."

"잠시, 쉬면서 톱날을 갈지요? 그러면 일이 훨씬 쉬워질 겁니다."

젊은 나무꾼은 고개를 들고 중년 남자를 보고 무슨 한가한 소리를 하느냐는 표정으로 대답했다.

"이 나무를 어느 세월에 자르려고 쉬면서 톱날을 갈겠습니까? 지금은 시간이 없어요. 톱질을 하기도 바쁘단 말입니다."

당신은 혹시 젊은 나무꾼처럼 일을 하고 있지는 않은가? 휴식은 톱날을 가는 것과 같다. 열심히 일했으면 푹 쉬는 것도 좋다. 휴일에는 온 가족이 불가마에 같이 가서 이야기도 많이 하고, 할 수만 있으면 충분한 수면을 취하라. 충분한 수면은 건강에 매우 좋다. 보통의 사람은 하루에 약 30~1,000개의 엄청난 암세포가 생긴다고 한다. 이 암세포의 제거는 수면시간이라고 한다. 그래서 수면시간이 부족하면 건강에 문제가 생기는 것이다.

6) 성경은 하나님이 당신을 사랑하시고 있다고 말씀하고 있다.
하나님은 우리들이 하나님을 편견의 눈이 아닌 성경적인 시각에서 발견하시기를 원하신다. 하나님은 호세아 6장 6절에서 다음과 같이 말씀하셨다.

"나는 인애를 원하고 제사를 원하지 아니하며 번제보다 하나님을 아는 것을 원하노라."

하나님은 무엇보다도 당신이 하나님의 사랑을 알기 원하신다. 역기능 가정의 출신들은 다른 사람들을 믿지 않을 뿐만 아니라, 하나님의 사랑도 믿지 않는다. 이들이 성장하여 어른이 되어서 교회에 다닌다고 하더라도 견디기 어려운 일을 만나게 될 때 하나님의 도움을 요청하지 않는다. 그 이유는 "이 일은 내 일이지 하나님과는 상관이 없다"라고 생각을 하거나, "기도해봤자, 아무 소용없다."라고 생각하기 때문이다. 또 다른 이유는 자신들은 남의 도움을 받을 만한 가치가 없다는 낮은 자존감 때문이다. 또 다른 이유는 역기능 가정에서 느끼는 고통을 잊기 위한 방법으로 통제하는 버릇이 생겼기 때문이다. 감정을 통제하는 법을 터득한 사람들은 다음과 같이 생각한다.

"아무 감정도 느끼지 말아야 해. 내가 내 감정을 통제하면 나는 절대로 상처를 받지 않을 거야."

이렇게 감정을 통제하는 이들은 자신의 감정뿐만 아니라, 상황이나 사람들을 통제하려고 한다. 그래서 어려운 상황을 만나도 하나님께 도움을 구하는 기도를 하지 않고 혼자 힘으로 어려운 늪에서 벗어나려고 몸부림친다. 그러나 늪에 빠졌을 때 몸부림치면 칠수록 더 깊은 늪에 빠지듯이 어려운 상황 또한 마찬가지다. 이들은 입으로는 "하나님은 사랑의 하나님이십니다."라고 고백을 하면서도 마음으로는 그 사랑을 절대로 믿지 않는다. 아니 믿으려고 노력해도 믿어지지 않는 것이다.

당신이 하나님의 사랑이 믿어지지 않는다면 당신이 사랑한 '짝사랑'을 기억해보라. 잠도 자지 못하고, 식욕도 잃고, 앉으나 서나, 눈을 뜨나 감으나, 오직 사랑하는 사람의 얼굴만 떠오르는 짝사랑을 말이다. 하나님이 우리를 사랑하시되 그렇게 사랑하신다는 사실을 당신은 혹시 알고나 있는가? 아가서 5장 8절에서 하나님은 다음과 같이 사랑을 고백하고 있다. "내 사랑하는 자를 만나거든 내가 사랑하므로 병이 났다고 하려무나." 하나님은 당신을 사랑하시되 병이 날 정도로 사랑하신다. 마치 첫사랑에 빠진 사춘기 소년처럼 말이다. 그런데 당신의 마음에 버려진 마음과 거부당했던 기억이 있기 때문에 하나님의 이 사랑이 믿어지지 않는 것이다.

성경 아가서를 보면 술람미라는 시골 처녀가 나온다. 이 시골처녀에게 솔로몬 왕이 사랑을 고백한 것이다. 술람미에게는 낮은 자존감이 있었다. 그래서 솔로몬 왕의 사랑이 믿어지지 않았다. 도대체가 왕이 자신같이 초라한 농부의 딸을 사랑한다는 것이 믿어지지 않았다. 왕궁에는 각처에서 올라온 미녀들이 많은데 자신같이 햇볕에 그을려서 새까맣고 땀내 나는 교육받지 못한 자신을 사랑한다는 것이 믿어지지 않아서 술람미는 일시적으로 왕에게서 도망을 간다. 어쩌면 왕의 사랑을 시험을 하여 확인을 얻고 싶어서 일 것이다. 당신도 혹시 술람미처럼 하나님의 사랑을 시험하고 싶은가?

일본 도쿄 올림픽 때, 스타디움 확장을 위해 지은 지 3년 된 집을 헐게 되었다. 인부들이 지붕을 벗길 때, 꼬리 쪽에 못이 박힌 채 벽에서 움직이지 못하는 도마뱀 한 마리가 살아서 몸부림을 치고 있는 것이 발견이 되었다. 3년 동안 못 박힌 채 벽에서 움직이지 못했는데도 도마뱀이 죽지 않고 살아 있다는 것은 기적 같은 일이었다. 그래서 사람들은 원인을 알기 위해 철거 공사를 중단하고, 몰래 카메라를 설치하여 사흘 동안 도마뱀을 지켜보았다. 그랬더니 하루에도 몇 번씩 다른 도마뱀 한 마리가 먹이를 물어다 주는 것이 포착이 되었다.

이 두 도마뱀은 어떤 사이였을까? 물론 우리는 알 수 없다. 부모와 새끼일 수도 있고, 서로 사랑하는 사이일 수도 있고, 그저 한 곳에 모여 살던 동료일 수도 있다. 도마뱀은 원래 꼬리가 잡히면 그 꼬리를 잘라 버리고 도망치는 파충류인데 아마 꼬리를 잘라 버릴 수 있는 상황도 못 되었던 게 분명하다. 죽으려고 해야 죽을 수도 없는 상황이었나 보다. 그러나 참으로 훌륭한 것은 바로 곁에 있던 도마뱀이다.

　사랑하는 도마뱀이 받는 고통을 바라보면서 그 도마뱀이 살아 보려고 몸부림치다 실망할 때 어딘가로 가서 먹을 것을 물어 왔다. 그리고 입으로 건네주면서, 절망하지 말라고, 살아야 한다고 말은 할 수 없었지만 그렇게 격려했을 것이다.

　못 박힌 도마뱀은 어쩌면 고통과 절망 속에서 처음엔 먹을 것을 거부하며 팽개쳐 버렸을지도 모른다. 그러나 동료는 또 어딘가에서 먹을 것을 구해다 입에 넣어 주면서, "너를, 나는 버릴 수 없다", "나만 살기 위해 네 곁을 떠날 수 없다"면서 포기하지 않고 먹이를 권했을 것이다. 동료의 사랑에 먹이를 받아먹는 도마뱀의 가슴은 표현 할 수없이 가슴이 저렸을 것이다. 그렇게 하루에도 몇 번씩 위험을 무릅쓰고 먹을 것을 구해다 주면서 함께 살아온 3년, 못 박혀 꼼짝 못하던 도마뱀은 자신을 못 박았던 사람들에 의해서 다시 자유의 몸이 될 수 있었다. 어두운 지붕 밑에서 두 도마뱀은 함께 사랑하고 함께 고통을 나누고 고통 속에서 서로 안고 잠이 들곤 하였을 것이다.

　하나님이 지으신 미물도 이런 엄청난 인내력과 사랑의 힘을 발휘하는데, 하나님의 형상으로 지으시고 예수님의 피 값으로 사신 당신을 하나님이 그렇게 쉽게 포기하겠는가? 하나님은 결단코 당신을 쉽게 포기하시지 않는다. 하나님은 신명기 4장 31절에서 "네 하나님 여호와는 자비하신 하나님이심이라 그가 너를 버리지 아니하시며 너를 멸하지 아니하시며 네 조상들에게 맹세하신 언약을 잊지 아니하시리라"고 약속하셨다.

　예수님은 당신이 실수를 하는 부족한 사람이라고 해도 당신이 예수님의 형제임을 자랑스럽게 생각하신다. 당신이 어떤 죄를 지었다고 해도 당신을 버리시지 않는다. 결코 포기하시지 않는다. 이사야 49장 15절에서 하나님은 다음과 같이 약속하셨다. "여인이 어찌 그 젖 먹는 자식을 잊겠으며 자기 태에서 난 아들을 긍휼히 여기지 않겠느냐 그들은 혹시 잊을지라도 나는 너를 잊지 아니할 것이라"

하나님께서 당신의 부모보다 더 당신을 사랑하는 이유는 하나님은 당신이 태어나기도 전에 당신을 구별하셨고 당신을 하나님의 자녀로 구별하셨기 때문이다. 그래서 다윗은 시편 71편 6절에서 "내가 모태에서부터 주를 의지하였으며 나의 어머니의 배에서부터 주께서 나를 택하셨사오니 나는 항상 주를 찬송하리이다"라고 찬양하였던 것이다.

하나님은 당신의 얼굴만 생각해도, 당신의 이름을 부르시기만 해도 기쁨을 이기지 못할 정도로 당신을 사랑하신다. 이것은 듣기 좋게 하는 말이 아니다. 성경이 그렇게 말을 하고 있다. 스바냐 3장 17절을 보자.

"너의 하나님 여호와가 너의 가운데에 계시니 그는 구원을 베푸실 전능자이시라 그가 너로 말미암아 기쁨을 이기지 못하시며 너를 잠잠히 사랑하시며 너로 말미암아 즐거이 부르며 기뻐하시리라 하리라"

믿음이란, 자신의 가치를 깨닫는 것이다. 믿음이란, 사람의 가치로 자신을 보는 것이 아니라 하나님의 눈으로 자신을 보는 것이다. 술람미는 왕의 사랑을 의심을 하다가 자신의 높은 가치를 발견하여 당당한 모습을 회복하여 왕비로써의 존귀함을 가졌다. 술람미는 이제 왕의 사랑을 의심하지 않는다. 아가서 7장 10절에서 슬라미는 자신이 사모함을 받을 수 있는 가치가 있다는 것을 깨닫는다. "나는 내 사랑하는 자에게 속하였도다 그가 나를 사모하는구나."

자신의 존재의 가치를 확인하고 사랑의 확신을 얻은 술람미는 이렇게 당당해진 것이다. 하나님은 당신도 당당하게 하나님의 사랑을 받아들이기를 원하시고 계신다. 당신은 하나님의 사모함을 받을 가치가 있는 소중한 사람이다. 왜냐하면 당신을 위해서 예수님이 십자가에서 죽으셨기 때문이다.

이제는 당신의 삶을 당신 스스로 통제하려고 하지 말고, 예수님께 당신의 삶을 맡겨라. 예수님께 당신의 삶을 맡긴다는 것은 당신의 삶을 예수님께서 통제하시도록 양도한다는 것이다. 예수님께 당신의 삶을 양도하는 방법은 다음과 같은 기도를 따라하면 된다.

"예수님 저는 그동안 제 삶을 제가 통제하려고 했습니다. 그러나 제가 제 삶을 통제하려고 하면 할수록 더 깊은 늪으로 빠지고 말았음을 인정합니다. 이제 저는 저의 한계를 시인합니다. 나는 주님의 도움심이 없으면 아무것도 할 수 없음을 인정합니다. 저를 용서하시고 저의 삶속으로 오셔서 저를 주장하시고 인도해 주십시오. 예수님 이름으로 기도드렸습니다. 아멘"

이 짤막한 기도는 당신의 삶과 인생을 변화시킬 것이다. 이제부터는 어떤 일을 당하던지 어떤 일을 하든지 주님께 먼저 기도하는 습관을 길러라. 그러면 놀라운 축복을 경험하게 될 것이다.

7) 성경은 당신이 즐거워하며 즐겨도 좋다고 말하고 있다.

즐기는 것을 두려워하는 사람들은 "만약 현실이 너무 좋다면 그것은 현실이 아닐 것이다."라는 좌우명을 가지고 있다. 즐기는 것에 대한 두려움이란 모든 일이 너무 잘 풀릴 때 느끼는 모호한 불안감이다.

낮은 자존감을 가지고 있는 사람은 무엇인가 일이 잘 풀리면 불안해하며 다음과 같이 생각한다.

"모든 것은 꿈과 같이 순식간에 사라질 것이다. 좋은 일 다음에는 반드시 나쁜 일이 생긴다. 이렇게 일이 잘 풀린다는 것은 곧 재난이 닥친다는 것이다. 그러므로 일이 잘 풀린다고 너무 기대하지 말아야 한다."

이렇듯 일이 잘 풀릴 때도 두려워하는 이유는, 당신이 성장한 가정에서는 예측할 수 없는 일들이 벌어졌기 때문이다. 아버지가 알코올 중독자였다면 위기는 아버지가 술을 마실 때 발생하였을 것이다. 그러나 때로는 아버지가 술을 마시지 않고 맨 정신일 때 발생할 수도 있다. 아버지가 정상일 때보다 술에 취해 있을 때 다루기 쉬운 사람일 수도 있기 때문이다.

역기능 가정의 가족들은 항상 무언가가 일어날 것이라는 불안감을 가지고 살아간다. 가족들은 다음에 이러날 위기를 기다리거나 곧 일어날 것이 분명한 더 강하고 큰 위기를 기다리게 된다.

어쩌다가 아버지가 술을 먹지 않고 가정이 평안하면 자녀들은 간만에 온 평안을 즐기며 "이제는 아버지가 술을 먹지 않을 거야. 이제 좋은 일들이 일어날 거야."라고 생각한다. 그런데 그 다음날 아버지가 또 곤드레만드레 술에 취해서 온 동네가 떠나가도록 소리를 지르고 가전제품을 부수는 난동을 부린다. 그러면 자녀들은 긴장을 풀고 긍정적으로 생각한 것을 후회하며 다음과 같은 무언의 규칙을 세운다. "일이 잘 풀린다고 좋아하거나 행복하게 생각하지 말아야 해. 왜냐하면 내가 좋아할 때마다 나쁜 일들이 발생하잖아."

이렇듯 예측할 수 없는 사건들이 일어나는 가정에서 성장한 사람들은 좋은 일이 일어나도, 일이 순조롭게 풀려도 좋아하거나 기뻐하지 않는다. 이런 사람들은 미래를 계획하는 것도 어려워한다. 왜냐하면 미래에 예측할 수 없는 사건들이 터지기 때문이다. 이들이 할 수 있는 것은 마냥 기다리는 것이다. 즐거움을 경험하는데 익숙해지는 것이 아니라 마냥 기다리는 것에 익숙해지는 것이다.

예측할 수 없는 일들이 반복되면 나중에는 오히려 최악의 상태를 기대하는 체념이 생긴다. 결국 자신 스스로가 성공을 방해하기로 결정하고 내면에 다음과 같은 생각들을 가동시킨다.

"나는 성공할 자격이 없어."

"하나님은 내가 성공하는 것을 원하시지 않아."

"성공한 인간들은 정상에 도달하기 위해서 수단방법을 가리지 않은 사기꾼들이야."

"내가 원하는 일은 결코 일어나지 않을 거야. 차라리 일찍 포기하는 것이 좋아."

"다른 사람과 똑같은 결과를 얻기 위해서는 그들보다 나는 배로 열심히 일을 해야 해."

"내가 무엇인가 성취한다고 해도, 결국 나는 사기꾼에 불과해."

"나는 잠시도 쉬면 안 돼. 그것은 죄악이야."

"결국 나는 실패할 거야. 구태여 목표를 향하여 모험을 할 필요가 없어."

이와 같은 부정적인 생각들은 하나님께서 주신 것이 아니라, 마귀가 당신을 유린하기 위해서 당신에게 몰래 심은 가라지다. 그 가리지를 뽑으라. 하나님은 결코 당신을 실패자로 만들지 않았다. 하나님은 다음과 같이 말씀하셨다.

"땅을 정복하고 다스리라"
"머리가 되고 꼬리가 되지 말라."
"낮은 자리에 앉지 말고, 높은 자리에 앉으라."
"남에게 꾸는 자가되지 말고 나누어주는 자가 되라"

즐기는 것에 대한 두려움을 가지고 있는 사람은 예측할 수 없는 사건들이 터지는 가정에서 성장하여 자신도 모르게 몸에 밴 습관이 있다. 행복이나 성공에 대한 두려움이 버릇처럼 생긴 것이다. 그러나 이제는 행복이나 성공에 대한 두려움을 버려야 한다. 두려워하는 마음은 하나님께서 주신 것이 아니라, 마귀가 준 것이다. 당신은 무서워하는 종의 영을 받지 않고, 하나님을 아버지라고 부를 수 있는 양자의 영을 받았으므로(롬 8:15) 왕자처럼 당당해야 한다. 당신의 백은 하나님이시다. 이사야 41장 10절 말씀을 암송하여 두려운 생각이 날 때마다 선포하라.

"두려워하지 말라 내가 너와 함께 함이라 놀라지 말라 나는 네 하나님이 됨이라. 내가 너를 굳세게 하리라 참으로 너를 도와주리라 참으로 나의 의로운 오른손으로 너를 붙들리라"

당신의 인생의 밭은 하나님께서 농부로 계신다(고전 3:9). 하나님께서 농사를 실패하실 리가 없다. 그러므로 절대로 부정적인 생각이나 말을 하면 안 된다. 미래도 걱정하지 말고 기도하면서 하나님께 맡겨라. 예수님은 다음과 같이 염려하는 자들에게 말씀하셨다.

"내가 너희에게 이르노니 목숨을 위하여 무엇을 먹을까 무엇을 마실까 몸을 위하여 무엇을 입을까 염려하지 말라 목숨이 음식보다 중하지 아니하며 몸이 의복보다 중하지 아니하냐 공중의 새를 보라 심지도 않고 거두지도 않고 창고에 모아들이지도 아니하되 너희 하늘 아버지께서 기르시나니 너희는 이것들보다 귀하지 아니하냐"(마 6:25-26).

예수님의 말씀에 순종하여 아무것도 염려하지 말고 오늘 감사하며 오늘을 행복하게 살라. 베드로는 좋은 날 보기를 원하는 자에게 다음과 같이 충고하고 있다.

"생명을 사랑하고 좋은 날 보기를 원하는 자는 혀를 금하여 악한 말을 그치며 그 입술로 거짓을 말하지 말고 악에서 떠나 선을 행하고 화평을 구하며 그것을 따르라"(벧전 3:10-11).

4. 부정적인 생각을 끊고, "만약 ~하였다면"을 "만약 ~하면"으로 바꾸라.

낮은 자존감을 치유하려면 이전의 습관과 버릇을 버려야 한다. 잘못된 습관과 버릇을 고치는 것은 부정적인 생각과 대화를 끊고 마음을 새롭게 하는 것이다. 심리치료사들은 비합리적인 사고를 긍정적인 사고로 바꾸는 작업을 인지행동치료라고 부른다.

당신의 문제를 해결할 사람은 결국 당신 자신이다. 하나님도 스스로 돕는 자를 돕는다는 것을 기억해야 할 것이다. 다니엘, 사드락, 메삭, 아벳느고처럼 불 속에 들어가고 사자굴 속에 들어가도 하나님이 결단코 자신들을 버리시지 않는다는 믿음 때문에 절대로 부정적인 사고와 부정적인 대화를 하지 않았다.

아무리 환경이 좋지 않다고 하더라도 부정적인 사고와 자기 대화를 하지 말아야 한다. 그것이 하나님이 기뻐하는 사람의 모습인 것이다.

"이는 우리가 믿음으로 행하고 보는 것으로 행하지 아니함이로라"
(고후 5:7).

일반적으로 사람들에게서 진정한 변화, 즉 영구적인 변화가 일어나려면 그들의 사고가 바뀌어져야 한다. 그래서 에피클레투스(Epicletus)는 "사람은 사건 때문에 방해받는 것이 아니라 자신이 견지하고 있는 관점 때문에 방해받는다"라고 했다.

존 밀턴(John Milton)은 "생각은 자신만의 공간이 있는데, 그것은 지옥 속에서도 천국을 만들 수 있고 천국 속에서도 지옥을 만들 수 있다."라고 했다.

앨버트 엘리스(Albert Ellis)는 "당신을 화나게 하는 것은 과거나 현재의 상처 때문이 아니다. 그것을 인식하는 당신의 시각이 그렇게 만든다."라고 했다.

로렌스 크랩(Lawrence Crabb) 박사는 다음과 같이 말했다. "변화는 우리의 환경이나 과거, 현재를 바꾸는 것에 달려 있지 않고 우리의 사고를 새롭게 하는 데 달려 있다. 상처가 되는 과거의 기억을 치유하거나 현재 상황을 재정리하는 것으로는 이러한 진정한 문제들을 해결하지 못한다."

사건에 대해 우리가 반응하는 방식은 중요한 것이다. 당신은 스스로 인지행동치료자가 되어야 한다. 낮은 자존감에 시달리는 사람들은 보통 다음과 같은 생각을 많이 가진다.

"만약 하나님께서 나에게 그런 비극적인 일이 일어나게 하시지 않았다면 내가 이렇게 되지는 않았을 것이다."

"만약, 내가 나를 원하지 않는 부모에게서 태어나지 않고 나를 사랑하는 부모를 만났다면 내가 이렇게 되지 않았을 것이다."

"만약, 내가 성적인 폭행을 당하지 않았다면 나는 행복한 사람이 되었을 것이다."

정말 그런 일이 당신에게 일어나지 않았다면, 당신의 현재의 모습은 많이 긍정적인 모습으로 변해있을 수도 있다. 많은 사람들이 인생을 살면서 뒤를 돌아보며 "만약 그때에 그런 일이 나에게 없었다면"하는 생각을 하게 된다. 그러나 과거는 이미 엎질러진 물이다. 우리들의 힘으로는 과거를 돌려놓을 힘이 없다. 그렇다면 우리들의 생각을 바꾸는 것이 최선이다. 그 최선은 "만약 ~했더라면"을 성경적인 사고인 "만약 지금이라도 믿음을 붙든다면"으로 바꾸는 것이다.

요한복음 11장에는 예수님이 사랑하는 나사로의 죽음이 등장한다. 이곳에는 마리아와 마르다의 "만약 ~하였더라면"과 예수님의 "만약 ~하면"이 둘 다 나타난다. 나사로는 마리아와 마르다의 오빠이며 이들은 예수님과 아주 가까운 친구처럼 지내던 사이였다. 마리아는 아주 값진 향유를 예수님께 붓고 머리털로 주님의 발을 씻기던 여인이었다. 그래서 예수님의 사랑은 이들에게 아주 각별하였다.

이들은 유대나라 베다니라는 작은 마을에 살고 있었다. 그런데 나사로가 아주 위독한 병이 들었던 것이다. 이때 주님은 베다니에서 멀리 떨어진 요단 강변에 있었다. 예수님은 나사로가 병들었다는 소식을 듣고도 계시던 곳에서 이틀을 더 머무셨다가 베다니에 오셨다. 그러나 이때는 이미 나사로가 죽어서 장사를 지낸지 나흘이 지난 뒤였다. 그녀들은 예수님이 그들을 사랑하신다고 말씀하시면서도 나사로가 병들어서 위독하다는 소식을 듣고도 늦게 오신 것을 이해하지 못했다. 그래서 그녀들은 예수님을 만나자마자 다음과 같이 원망 섞인 말을 했다.

"주님께서 여기 계셨더라면(if only) 제 오빠는 죽지 않았을 거예요."

이 말은 다음과 같이 해석을 할 수 있을 것이다.

"우리가 그토록 주님을 찾을 때에 주님은 어디에 계셨나요?"

"주님은 우리를 사랑하신다고 말씀만 하시고 우리가 정작 주님이 필요할 때 주님은 왜 우리를 외면하셨습니까?"

"주님이 하나님의 아들이라면서 왜 이런 일이 일어나지 않도록 미리 예방을 하시지 않았나요?"

"왜 우리에게 이런 일이 일어나도록 내버려두셨습니까?"

사람들은 누구든지 자신이 이해할 수 없는 일들을 겪으면 이렇게 말할 수 있다. 그런 사건들은 신앙이 좋은 사람이라고 비껴가지 않는다. 그래서 테레사(Teresa of Avila) 수녀가 기도하면서 하나님께 따졌다고 한다.

"왜, 하나님께서는 착하고 선한 사람들에게 고난과 환난을 주십니까?"

그러자 하나님이 대답하셨다.

"나는 원래 내 친구들을 다 그런 식으로 대하느니라."

하나님의 응답에 테레사 수녀가 대답하였다.

"하나님께 왜 그렇게 친구가 적은지 이제야 알 것 같군요."

고난의 의미를 알 수 없는 사람들은, 이해할 수 없는 고난을 허락하신 하나님을 친구로 삼기가 어려운 것은 당연한 것이다. 그러나 나에게 닥친 고난과 아픔을 내가 이해할 수 없다고 해도 주님의 말씀을 끝까지 붙들어야 한다. 왜냐하면 하나님의 생각이 우리들의 생각보다 높기 때문이다(사 55:8-9).

예수님은 자신들에게 당한 고난을 이해하지 못해서 원망 섞인 목소리로 "만약 주님이 이곳에 계셨더라면" 하고 과거에 연연히는 부정적인 '만약'을 강한 믿음의 말인 '만약'으로 응답하신다. 마르다의 부정적인 반응에 예수님은 다음과 같이 말씀하셨다.

"네가 믿으면(if) 하나님의 영광을 보리라 하지 아니하였느냐?"(요 11:40).

예수님이 사용하신 '만약(if)'은 과거에 연연하는 비난하고 원망하는 단어가 아닌, 과거의 상처를 극복하고 일어서는 능력의 말이다. 예수님이 사용한 '만약'은 과거의 상처를 현재와 미래의 성공에 밑거름이 되는 에너지가 되는 것이다.

예수님은 과거의 상처에 연연하는 그녀들에게 나사로의 무덤의 돌문을 옮겨 놓으라고 명령하셨다. 그녀들은 예수님의 이 말씀이 이해가 가지 않았다. '아직 죽지 않았다면 예수님의 능력으로 나사로를 살릴 수 있었겠지만, 그러나 나사로는 이미 죽어서 냄새나는 시체로 무덤에 누어있지 않은가?' 하는 생각에 그녀들은 예수님의 명령이 너무나 가혹하다는 투로 다음과 같이 말했다.

"주여 죽은 지가 나흘이 되었으매 벌써 냄새가 나나이다."

이 말은 이미 끝나고 소망이 없다는 절망적인 말이다. 그러나 주님은 더 확고하신 목소리로 말씀하셨다.

> "예수께서 이르시되 내 말이 네가 믿으면 하나님의 영광을 보리라 하지 아니하였느냐"(요 11:40).

부정적인 '만약 ~하였더라면'을 긍정적인 "만약 ~하면"으로 바꾸려면 먼저 돌문을 옮겨야 한다. 그래야 죽은 나사로에게 생명의 빛이 들어가고, 생명의 말씀이 들어갈 수 있는 것이다.

낮은 자존감이 형성된 것은 본래의 모습인 하나님의 형상이 죽었기 때문이다. 심리학에서는 하나님의 형상을 '놀라운 아이'라고 말한다. 그 놀라운 아이를 다시 살리려면, 딱딱하게 굳은 마음의 돌문을 옮기고 그 죽은 아이를 예수님 앞에 들어내야 한다. 이것은 바로 자신의 약점과 상처를 숨기지 않고 드러내는 것이다. 자신이 받았던 상처를 다시 기억하는 것이다.

그런 일은 정말 괴롭고 힘든 일이다. 마치 마리아와 마르다가 나사로의 무덤 문을 옮기는 거와 같이 부담스러운 일이다. 그녀들이 "주여 죽은 지가 나흘이나 되었으매 벌써 냄새가 나나이다."라고 말하듯이 낮은 자존감이 있는 사람들에게 '예전에 받았던 상처를 인정하고 기억해 내십시오.' 하고 말하면 그들은 다음과 같이 정색을 하며 말한다.

"구태여 그럴 필요가 있나요? 다 지나간 일인데."

"기억하고 싶지도 않습니다. 생각하면 오히려 가슴만 아파요."

그러나 돌문을 옮기지 않으면 그 상처를 치유하는 예수님의 생명의 빛이 들어가지 못한다. 마르다와 마리아는 오라버니의 장례로 마음뿐만 아니라, 몸도 지칠 대로 지친 상태이다. 그런 연약한 상태에서 큰 돌문을 옮긴다는 것은 여간 어려운 일이 아니다. 그러나 그녀들은 부정적인 과거의 '만약'을 긍정적인 믿음을 형성하는 '만약'으로 바꾸어서 돌문을 옮겼다. 그러자 예수님은 그 무덤 앞에서 하나님께 감사기도를 드린 후에 큰 소리로 명령하셨다.

"나사로야, 나오너라!"

예수님의 이 명령은 죽어서 나흘이나 지나서 썩은 냄새가 나는 나사로를 살렸다. 과거에 얽매인 '만약'을 믿음을 붙든 '만약'으로 바꾼 결과인 것이다. 당신의 삶과 인생도 이런 변화가 일어나기를 축복한다.

우리는 나사로의 사건에서 또 한 가지 유의할 것이 있다. 예수님을 특별히 잘 믿고, 예수님에게 특별한 사랑을 받는 사람도 병들 수 있고 고난을 당할 수 있다는 것이다. 고난과 아픔, 특히 학대를 당한 사람들은 자신들이 하나님께 사랑을 받지 못하는 사람이라서 그런 고난과 학대를 당했다고 생각하는 사람들이 많다. 이 또한 부정적인 생각인 것이다.

당신이 그런 학대를 당하고 고난을 당한 것은 당신이 나빠서나, 아니면 하나님이 당신을 싫어하셔서가 아니다. 당신에게 아픔을 주고 학대를 한 사람이 나빠서이다. 그런 사건이 당신에게 일어난 것은 세상이 병들고 죄로 가득차서이고 당신에게 상처를 준 사람이 자유의지를 잘못 사용했기 때문이며, 그들 또한 치유 받지 못한 상처받은 사람들이기 때문이다.

고난은 누구나 겪을 수 있다. 예수님을 잘 믿는다고 고난이 피해가지 않는다. 예수님은 제자들을 불러 모으실 때에 다음과 같이 말씀하시지 않았다.

"나를 따라오너라. 그러면 너희들을 모든 불의에서 지켜주고, 환난과 고통을 겪지 않게 될 것이다."

예수님은 제자들에게 이렇게 말씀하시지 않고 오히려 "너희가 세상에서 환난을 당하나 담대하라"고 말씀하셨다.

예수님의 제자들 중 사도 요한을 제외하고는 모두 다 불의한 사람들로 인해서 죽임을 당하였다. 베드로는 우리가 다 알다시피 십자가에서 거꾸로 매달려 죽임을 당했고, 야고보는 헤롯 아그립바 1세에 의해 주후 44년 부활절 즈음에 예루살렘에서 참수를 당했고, 안드레는 주후 69년 11월 30일에 십자가형을 받고 3일 동안 고통스럽게 매달려 있다가 순교를 하였다. 빌립은 그의 나이 87세 때 히에라볼리에서 십자가형으로 죽임을 당하고, 나다나엘도 빌립과 함께 십자형에

처하였으나 치안판사의 특별사면을 받아 죽음을 면하였지만, 아제르바이잔 지역에서 전도하다가 결국 주후 68년에 순교를 당하였다. 도마는 인도 남부 케랄라에 7개의 초대교회를 세우고 창에 찔려 죽임을 당하였고, 마태는 이집트에서 죽임을 당하였고, 그 외 모든 제자들이 아무런 죄도 없이, 단지 예수님을 전파한다는 이유로 모두가 억울한 죽음을 당하였다. 당신은 아무 죄도 없는 예수님의 제자들이 비참한 죽음을 당하는 것을 보며 다음과 같은 생각이 들 것이다.

"왜 다른 사람들도 아니고 예수님의 제자들이 그렇게 죽는 것을 하나님은 보시고만 있었을까?"

"왜, 하나님은 다니엘을 사자굴에서 구하듯이 그들을 구하지 않았을까?"

그 이유는 하나님만 정확하게 아실 것이다. 그런 의문스러운 일을 제자들뿐만 아니라 예수님 자신도 당하셨다는 것을 알고 있는가? 예수님은 죄가 전혀 없으신 분이시다. 주님은 남에게 해를 입히신 분이 아니라, 오히려 병든 자들을 고치시고, 죽은 자를 살리시고, 버림받고 상처받은 사람들을 감싸 안으신 분이시다. 그런 분이 역적이나 강도들이 받는 형벌인 십자가에 처참한 모습으로 매달렸을 때에 종교 지도자들은 예수님을 조롱하였다.

"그가 하나님을 신뢰하니 하나님이 원하시면(if) 이제 그를 구원하실지라 그의 말이 나는 하나님의 아들이라 하였도다 하며"(마 27:43).

예수님은 종교지도자들과 많은 백성들의 조롱을 받으며 고통 중에 외치셨다.

"나의 하나님, 나의 하나님, 어찌하여 나를 버리셨나이까."

예수님의 이런 처절한 절규에도 불구하고 하나님은 예수님을 구해 주시지 않았다. 하나님은 예수님이 불의의 피해자로 고통 받는 모든 사람들과 하나 되기를 원하셨기 때문에 아들의 울부짖음을 하늘 문을 닫고 외면하셨던 것이다.

바울은 이 사건을 다음과 같이 묘사하고 있다.

"자기 아들을 아끼지(구하지) 아니하시고 우리 모든 사람을 위하여 내주신 이가 어찌 그 아들과 함께 모든 것을 우리에게 주시지 아니하겠느냐"(롬 8:32).

하나님은 예수님을 십자가에서 구해 주시는 것보다 더 위대한 일을 계획하셨다. 바로 예수님을 만왕의 왕으로 죽음에서 부활시키는 계획이었던 것이다. 또한 하나님은 아들이신 예수님보다 당신을 더 사랑하신다는 것을 증명해 보이고 싶었던 것이다.

당신이 당했던 고난의 문제 또한 하나님의 이런 계획 안에서 해답을 찾아야 할 것이다. 지금은 당신이 당하는 고난이 이해가 가지 않지만, 그러나 당신이 믿음으로 "만약 내가 끝까지 말씀을 믿는다면 모든 것이 합력하여 선을 이루는 날이 올 것이다."라는 약속의 말씀을 붙든다면 결국에는 고난의 답을 기쁨으로 얻게 될 것이다. 그래서 바울은 로마서 12장 2절에서 다음과 같이 권고하게 된 것이다.

"너희는 이 세대를 본받지 말고 오직 마음(생각)을 새롭게 함으로 변화를 받아 하나님의 선하시고 기뻐하시고 온전하신 뜻이 무엇인지 분별하도록 하라"

바울의 이 교훈은 우리의 사고를 하나님의 사고로 재조정함으로써 변화가 일어난다고 격려한 것이다. 생각은 하나님과 사탄의 가장 큰 전쟁터이다. 문제는 누가 그 전투에서 이기도록 선택하느냐 하는 것이다. 다시 한 번 강조하지만, 당신 안에서 하나님의 나라가 번성하기 위해서는 부정적인 생각을 바꿀 뿐만 아니라, 부정적인 자기 대화도 끊어야 한다.

자기 대화는 감정과 행동을 결정하기 때문에 부정적인 대화를 끊는 것이 아주 중요하다. 생각을 새롭게 하고 부정적인 대화를 끊는 것은 마음속에서 계속하여 돌아가는 부정적인 테이프를 끊는 것이다. 예를 들면 다음과 같은 말을 바꾸는 것이다.

"나는 다른 사람들에게 사랑이나 인정을 받을 수 없어. 나는 멍청하거든."

이런 부정적인 자기 대화를 성경적인 관점으로 바꾸는 것이다.

"나는 모든 사람들에게 사랑과 인정을 받을 수 없지만, 내가 하나님을 의지하고 노력한다면 사랑받는 인물이 될 것이다. 그리고 무엇보다 하나님이 나를 인정해주시니 나는 부족함이 없다."

이렇게 생각을 새롭게 하는 것은 합리적이고 긍정적인 테이프가 비합리적이고 부정적인 테이프를 압도하도록 크게 틀어놓는 것이다. 어릴 때 학대를 받았다거나, 상처를 받고 성장하였거나, 너무나 오랫동안 고통 중에 있다면 자신도 모르게 부정적인 사고방식이 자리 잡게 되었을 것이다. 그래서 쉴새 없이 부정적인 대화가 마음속에서 돌아가는 것이다.

"나만 버림받은 기분이야. 나만 불행해."

"이런 일을 당하는 것을 보면 하나님이 나를 버렸어."

"기도해도 소용이 없어. 아무것도 변하지 않아."

이렇게 환경이나, 사건을 부정적으로만 해석을 하고 말을 하면 마귀가 당신을 주장하게 된다. 그래서 심한 우울증과 낮은 자존감의 무덤에 갇히는 것이다. 낮은 자존감의 무덤에서 부활을 하려면 어떤 상황에서도 부정적인 말을 하지 말고 끝까지 소망을 붙잡아야 한다. 왜냐하면 하나님은 결국에는 합력하여 선을 이루시는 분이시기 때문이다.

《세 나무 이야기》라는 동화책이 있다. 이 책은 올리브나무와 떡갈나무와 소나무의 원대한 꿈을 이야기하고 있는 동화이다.

이들 나무는 각자 특별한 존재가 되겠다는 큰 꿈을 품고 있었다. 올리브나무는 정교하고 화려한 보석 상자가 되어 그 안에 온갖 보물을 담는 꿈을 품고 자신의 꿈이 이루어지도록 날마다 기도를 하였다.

어느 날 나무꾼이 숲의 수많은 나무 중에서 그 올리브나무를 선택하여 베었다. 올리브나무는 자신의 몸이 베어지는 아픔보다는 자신의 꿈이 이루어지는 기대에 가슴이 벅찼다. 그런데 시간이 지남에 따라 자신의 모습이 이상하게 만들어지는 것을 느낄 수가 있었다.

올리브나무는 아름다운 보석 상자가 될 기대에 부풀었지만, 더럽고 냄새나는 짐승의 먹이를 담는 구유로 만들어졌던 것이다. 올리브나무는 자신의 기도가 산산조각이 난 것에 대해서 몹시 절망하고 화가 났다. 올리브나무는 하나님께 몹시 불쾌한 심정을 토로하며 따졌다.

"하나님, 내가 언제 더럽고 냄새나는 짐승의 먹이통이 되게 해 달라고 했습니까? 세상에서 가장 아름답고 귀한 보석을 담는 보석함이 되게 해 달라고 했지."

그러나 하나님은 침묵으로 응답하셨다.

이번에는 떡갈나무 이야기를 하겠다.

떡갈나무의 꿈은 나라에서 제일 높은 절대 권력의 주인공인 왕을 싣고 다니는 배의 일부가 되는 것이었다. 그 떡갈나무도 어느 날 나무꾼이 와서 베어갔다. 그리고 목수에게 넘겨졌다. 떡갈나무는 자신이 왕을 모시고 다니는 큰 배가 되어서 당당하게 바다를 떠다니는 모습을 상상하며 몹시 마음이 설레였다.

그러나 시간이 갈수록 나무꾼이 자신을 조그만 낚싯배로 만들고 있음을 알았다. 떡갈나무는 슬픔의 눈물을 흘리며 탄식하며 하나님께 따졌다.

"하나님, 내가 언제 이렇게 초라한 낚싯배가 되고 싶다고 했습니까? 나는 군함이 되고 싶었단 말입니다. 그런데 왜 이렇게 나를 만들었습니까?"

하나님은 떡갈나무에게도 침묵으로 응답하셨다.

마지막으로 소나무 이야기를 할 차례이다.

소나무의 꿈은 산꼭대기에 당당하게 서 있으면서, 사람들에게 늘 변함없는 지조와, 하나님의 위대한 창조의 섭리를 일깨워 주는 것이었다.

그런데 어느 날, 순식간에 번개가 치더니 소나무를 새까맣게 태우고 쓰러뜨리고 말았다. 소나무의 꿈은 그만 새까맣게 타고 말았다. 이제는 아무런 희망이라고는 없었다. 얼마 후에 나무꾼이 쓰러진 소

4장_낮은 자존감의 치유단계

나무를 가져다가 쓰레기더미 위에 던져 버렸다. 완전히 버림받은 절망감 때문에 소나무는 탄식하며 하나님을 원망하였다.

"하나님, 왜 나를 이렇게 비참하게 만들었나요? 왜 나를 버리셨죠?"

그러나 하나님은 아무런 대답이 없었다.

세 나무들은 모두 자신들의 꿈이 박살이 나고, 기도의 응답이 거꾸로 된 것에 대해서 몹시 화가 났다. 그리고 모두 꿈을 포기하고 절망하고 말았다. 그렇게 세월이 흘렀다.

어느 추운 겨울날, 날씨는 쌀쌀했지만 하늘에는 아름다운 별들이 금가루를 뿌려놓은 것 같이 빛을 발하고 있었다. 그리고 그 중에는 특별히 크고 밝은 별이 있었다. 그 별은 구유가 되어있는 올리브나무가 있는 외양간을 비추고 있었다. 바로 그때에 젊은 부부들이 외양간으로 들어왔다. 그들은 바로 마리아와 요셉이었다. 놀랍게도 마리아는 외양간에서 해산을 하였다. 그리고 아기 예수님을 올리브나무로 만들어진 구유에 누였다. 올리브나무는 꼭 꿈을 꾸는 것 같았다. 자신의 품에 예수님이 안긴 것이다. 이때 하나님의 음성이 들렸다.

"올리브나무야! 아름다운 보석 상자가 되고 싶다고 했지? 애야, 보석 중에 보석은, 바로 내 아들 예수란다."

올리브나무는 감격의 눈물만 흘릴 뿐 아무 말도 하지 못했다. 올리브나무는 보석함 중의 보석함이 되었던 것이다.

그 아기 예수님은 시간이 흐를수록 키와 지혜가 자라가셨다. 그리고 멋진 30세 청년이 되었다. 어느 날 예수님은 수많은 사람들에게 천국 복음을 전하시려고 베드로의 배에 올라타셨다. 그 배는 작고 초라한 낚싯배였다. 바로 떡갈나무로 만들어진 배인 것이다.

예수님이 배에 올라타시자, 떡갈나무는 가슴이 터지는 것 같았다. 바로 왕 중의 왕이 자신의 몸에 올라타신 것이기 때문이다. 떡갈나무도 이때 하나님의 음성을 들었다.

"얘야, 왕을 태우는 큰 배가 되고 싶다고 했지? 예수는 온 우주의 왕 중의 왕이니라."

하나님은 떡갈나무에게 한 나라의 왕이 아니라, 온 우주의 왕을 태우는 영광으로 응답을 하신 것이다.

이제, 소나무가 남았나요? 그럼 소나무 이야기도 하자. 벼락을 맞고 새까맣게 타서 쓰레기더미에 버림을 받은 소나무는 비참하게 버림받음에 날마다 눈물을 흘리며 자신의 신세를 탄식하고 있었다.

그런 어느 날 몇몇 로마 병사들이 이 소나무가 버려진 쓰레기더미에서 뭔가를 부지런히 찾고 있었다. 이에 소나무는 곧 땔감 신세가 되겠거니 생각했다. 로마병사들은 소나무를 발견하고 소리쳤다. "여기 좋은 재료가 있네!"

그들은 소나무를 질질 끌고 가서 두 조각으로 나누어서 십자가를 만들었다. 그리고 그 죄 없으신 예수님을 나무에 못 박기 시작했다. 예수님의 고통과 아픔이 소나무에게 고스란히 느껴졌다. 자신의 버림받았다는 고통은 아무것도 아니었다. 소나무는 뜨거운 눈물을 흘리며 하나님께 기도했다.

"하나님 용서해 주세요. 내가 철이 없었습니다. 예수님의 십자가를 만들기 위한 하나님의 섭리를 모르고 원망만 했어요."

소나무는 십자가가 되어서 변하지 않는 하나님의 사랑을 증인하는 영원한 사랑의 증거가 되었다.

이 이야기의 핵심은 기도의 응답이 다르게 응답이 되어도 하나님의 사랑과 계획을 의심하거나 포기하지 말 것을 말하고 있다. 하나님은 결국 더 좋게 하신다.

"이는 내 생각이 너희의 생각과 다르며 내 길은 너희의 길과 다름이니라 여호와의 말씀이니라 이는 하늘이 땅보다 높음 같이 내 길은 너희의 길보다 높으며 내 생각은 너희의 생각보다 높음이니라"(사 55:8-9).

당신도 역전의 주인공이 되려면 사탄의 말을 듣지 말고, 하나님의 생각을 받아들이고 하나님의 말씀을 받아들여야 한다. 사탄은 당신의 귀에 대고 계속해서 속삭일 것이다.
"너에게는 소망이 없다. 차라리 죽어라."
마귀가 이렇게 속삭일 때는 예수님 이름으로 대적해야 한다.

"사탄아 나에게서 떠나가라! 하나님은 합력하여 선을 이루는 분이시고, 결국 좋게 하시는 분이시다."

이렇게 부정적인 사탄의 음성을 대적하려면 성경적인 말씀을 선포해야 한다. 다음의 PO 차트는 인지치유에서 사고를 전환할 때 사용하는데, 부정적인 생각을 긍정적인 생각으로 바로 잡는 데 많은 도움을 줄 것이다.

PO 차트(Put Off/Put On, 리치필드 Litchfield)

● 사건 :

▶ 옛것을 인정하기
  * 고통스러운 감정
  * 부적절한 행동
  * 거짓 신념과 사고

▶ 옛신념과 사고 논박하기
(만일 세 가지 이상 부정적인 답이 나온다면 비합리적인 사고이다)
  * 그것이 사실(실제, 진리)인가? 예 / 아니오
  * 그 이유는?
  * 그것은 나의 성장에 도움이 되는가? 예 / 아니오
  * 그 이유는?
  * 그것이 나의 목표를 이루도록 도와 주는가? 예 / 아니오
  * 그 이유는?
  * 그것은 나의 대인관계에 도움을 주는가? 예 / 아니오
  * 그 이유는?

▶ 새로운 신념과 사고 인정하기
  * 현실 / 진리

▶ 옛것을 벗어 버리기(Put Off)

▶ 새것을 입기(Put On)
  * 올바른 신념 / 사고
  * 올바른 행동
  * 올바른 감정

● PO 차트 사례

●사건 : 아버지는 내가 어릴 때, 좀처럼 칭찬이나 격려를 하지 않으셨고, 늘 나를 못마땅하게 생각하시며 나를 쓸모없는 놈이라고 말씀하셨다.

▶옛것을 인정하기
 ＊고통스러운 감정
· 나는 아버지에게 화가 났다. 그러면서도 아버지에게 인정을 받고 싶었다.
· 나는 내가 멍청하다고 생각했다.
 ＊부적절한 행동
· 될 수 있으면 아버지를 피하고 말을 하지 않았다.
 ＊거짓 신념과 사고
· 나는 멍청해서 성공할 수 없고, 사랑을 받을 자격이 없다.

▶옛신념과 사고 논박하기
＊그것이 사실(실제, 진리)인가? 아니오
＊그 이유는? 육신의 아버지는 나를 인정하시지 않지만, 하나님은 나를 있는 그대로 조건 없이 사랑하시기 때문이다. 나도 믿음을 붙들고 노력하면 성공할 수 있다.
＊그것은 나의 성장에 도움이 되는가? 아니오
＊그 이유는?
 그런 사고는 낮은 자존감을 형성하게 해서 부정적인 사고와 소

극적인 태도를 가지게 한다.
* 그것이 나의 목표를 이루도록 도와 주는가? 아니오
* 그 이유는?

  나의 본 가치를 보지 못하고 다른 사람의 판단에 나의 가치를 두기 때문이다.
* 그것은 나의 대인관계에 도움을 주는가? 아니오
* 그 이유는? 아버지에게 화를 내고 아버지를 피하듯이, 다른 사람들과의 관계에서도(특히 권위자들에게) 부정적인 거부반응을 나타낼 수 있기 때문이다.

▶ 새로운 신념과 사고 인정하기

  * 현실 / 진리
- 내가 아버지에게 사랑받지 못한 것은 내 잘못이 아니다.
- 나는 하나님께 깊이 사랑받고 있다. 그러므로 나는 하나님의 사랑으로 다른 사람을 용서하고 사랑할 수 있다(요일 4:9-11).
- 하나님은 내가 어떤 일을 성취여부로 판단하시지 않으시고 그냥 있는 그대로 나를 전적으로 받아주신다(골 1:19-22).

▶ 옛것을 벗어 버리기(Pul Off)
- 아버지에 대해 용서하지 않은 마음과 분노를 고백한다.
- 아버지에 대한 분노, 두려움을 끊는다. 그리고 낮은 자존감을 거부한다.

▶ 새것을 입기(Put On)

* 올바른 신념 / 사고
- 하나님의 무조건적인 사랑에 대한 진리를 고백하고 그것을 마음으로 믿는다.

* 올바른 행동
- 아버지를 용서하고 할 수 있는 한 아버지를 돕고 효도를 한다.
- 아버지를 존중하며 사랑표현을 자연스럽게 한다.
- 예의바르게 아버지에게 사랑을 받고 인정을 받고 싶었으나, 아버지가 사랑을 표현해 주시지 않으시고 인정을 해 주시지 않으셔서 마음이 아팠다고 설명을 드린다.
- 그래도 아버지를 존경하고 사랑한다고 말을 한다.

* 올바른 감정
- 아버지에게 인정과 사랑을 받고 싶었지만, 아버지를 적절한 사랑과 격려를 하지 못하시는 분이시다. 그래도 그분은 나에게 소중한 아버지이시고, 하나님께 사랑을 받는 사람이다.
- 아버지가 나를 멍청하다고 판단하셨어도, 그것은 아버지의 편견과 잘못된 시각 때문에 그랬던 것이다. 나는 나만의 개성과 특징을 하나님께 받았다. 하나님은 그것을 도울 것이며, 나는 반드시 성공할 수 있다. 그 이유는 하나님이 나를 도우시고 나와 함께 하시기 때문이다.

5. 용서하라

어느 날 정신치료 전문의가 인턴들을 데리고 회진하고 있었다. 한 병실 문 앞에서 담당의사는 인턴들에게 그 환자에 대해 설명했다.

"이 환자는 전형적인 우울증 환자입니다. 화학적으로나 뇌에도 이상이 없습니다. 이 환자의 우울증의 원인은 상실과 사랑하는 애인에게서 받은 배신감 때문입니다. 그는 자기 목숨처럼 사랑하는 아가씨와 약혼을 하고 드디어 결혼을 3일 앞두고 있었습니다. 그런데 그의 애인이 다른 남자와 도망을 가서 그 남자와 결혼을 하였던 것입니다. 그 충격과 상실로 인해 우울증에 걸렸던 것입니다. 벌써 이 병원에 온 지가 3년이 되었습니다. 그동안 회복될 기미가 없어보였는데, 다행히 도망간 애인을 용서하는 결심을 한 후부터는 조금씩 차도를 보이고 있고 곧 회복할 것 같습니다."

인턴들은 담당의사의 말과 환자를 관찰한 내용을 자세히 기록하였다. 그 방에서 나온 의사는 이번에는 복도 끝 쪽에 있는 한 방에 섰다. 의사는 그 방 앞에서 그 안에 있는 환자에 대해 설명했다.

"이 방에 있는 환자는 스트레스로 인한 우울증 환자입니다. 그 상태가 완전 무력한 상태인지라 침대에서 일어나지도 못하고 있습니다. 현재로는 어떻게 손을 쓸 수 없을 정도입니다."

담당의사의 말에 인턴들이 물었다.

"이 사람의 애인도 결혼을 며칠 앞두고 도망을 갔습니까?"

인턴들의 질문에 담당의사는 한숨을 쉬면서 대답했습니다.

"휴~ 이 사람이 바로, 아까 그 남자의 약혼녀와 결혼한 남자입니다."

용서! 정말 용서만큼 어려운 것도 없을 것이다. 결혼을 3일 앞두고 다른 남자와 눈이 맞아서 도망을 간 애인을 용서하기란 얼마나 어려운 일일까? 자기 목숨처럼 사랑했는데, 그 여자를 위해서라면 죽을 각오도 하였는데, 그런 자신의 순수한 사랑을 헌 걸레처럼 버릴 수 있는지, 그것도 온 일가친척들, 친구들이 알게 결혼 3일 전에 도망 간 애인을 용서하기란 얼마나 어려웠을까?

성경에는 용서할 수 없는 사람들을 용서한 위대한 인물들이 여러 명 나온다. 그 중에 대표적인 인물은 요셉과 입다 그리고 욥이다.

요셉은 형제들에 의해서 외국에 '노예'로 팔려가서 13년이라는 긴긴 세월동안 고생을 하였다.

입다는 원치 않는 아이로 태어났다. 그의 아버지는 알코올 중독자 가능성이 많고, 그의 어머니는 술집 여자였다. 그들은 아이를 원하지 않았다. 입다는 그냥 재수 없게 임신이 되었던 것이다. 그래서 엄마는 그 어린 핏덩어리를 남자의 집 앞에 던져 버리고 도망을 갔고, 아버지는 본처가 있고 자식들이 있는 사람이라 입다에게 관심을 두지도 않았다. 결국 입다는 그 집에서 쫓겨나서 황량한 벌판에서 혼자 하나님 앞에 섰다.

욥은 하나님이 인정할 정도로 정직하고 의로운 사람이었다. 그런데 마귀의 농간으로 하루아침에 온 재산을 잃고, 10명의 자녀를 잃었다. 그는 건강도 잃고 명예도 잃었다. 결국 가장 큰 의지가 되어야 할 아내마저 도망을 가고 말았다. 이때 욥의 친구들이 나타났다. 친구들은 처음에는 욥을 위로하는 것 같더니 이내 욥을 비난하기 시작하였다.

요셉이 자신의 인생을 짓밟은 형제들을 용서하기가 얼마나 어려웠을까? 입다가 핏덩어리인 자신을 버리고 도망 간 엄마와 자신을 사랑하지도 않을 뿐만 아니라, 집에서 쫓아낸 아버지와 배다른 형제들을 용서하기란 얼마나 어려웠을까? 자신을 창녀의 자식이라고 손가락질 하고 무시하고 왕따시키던 마을 사람들을 용서하기가 얼마나 어려웠을까?

정말 기가 막혀서 말도 나오지 않고, 숨조차도 쉬기 어려울 정도로 고통을 받는 욥에게 친구들은 다음과 같이 비난하였다.

"욥, 자네는 위선자이네. 다른 사람들이 볼 때에는 의롭고 정직한 사람인 것 같지만, 하나님이 볼 때 숨겨진 죄가 있기 때문에 이런 환난이 온 것일세. 회개하게."

"가난한 자를 학대하고, 남의 집을 빼앗기 때문에 자네가 이런 고난을 당하는 것일세"(욥 20:12-19).

욥은 친구들의 비난처럼 위선자이거나 남을 학대하거나 남의 재산을 빼앗는 못된 인간이 아니다. 욥은 하나님이 "그와 같이 온전하고 정직하여 하나님을 경외하며 악에서 떠난 자가 세상에 없느니라"고 칭찬한 사람이다(욥 1:8). 그런데 친구들은 욥에게 가장 위로가 필요하고 격려가 필요한 때에 거짓말을 지어서까지 비난을 퍼부었던 것이다. 그런 친구들을 용서하기가 그리 쉬운 일일까? 그런데 하나님은 왜 그렇게 어렵고도 힘든 용서를 우리들에게 강요할까? 그것도 한 번도 아니고 일흔 번씩 일곱 번이라도 용서하라고 하였을까? 그 이유는 다음과 같다.

첫째, 용서를 하지 않으면 귀신의 공격을 받아서 인생이 황폐해지기 때문이다.

나는 알코올중독자와 정신질환자를 전문으로 치료하는 한라병원에서 원목으로 섬긴 적이 있다. 그 곳에서 사역을 하면서 내심 놀라고 가슴 아팠던 일은 그 병원에 믿는 자들이 많았다는 것이다. 그곳에는 집사, 장로, 목회자 사모들과 자녀들이 있었다. 상담 결과 그들이 그 지경까지 된 것은 마음에 용서하지 못하는 증오심이 있었고, 용서에 대한 그릇된 가르침 때문에 혼란함을 겪어서인 것 같았다. 그로 인해 마귀는 그들의 정신과 믿음, 육체를 공격하여 피폐하게 하였던 것이다.

이렇듯 악한 마귀는 용서하지 못하는 사람들의 정신과 몸을 황폐하게 만든다. 그래서 예수님은 제자들에게 70번씩 7번이라도 용서하라고 하셨던 것이다. 어느 날 우리는 거울을 보면서 깜짝 놀란다. 왜냐하면 그곳에 내가 그렇게 닮기 싫었던 부모님의 모습이 보이기 때문이다. 알코올에 찌든 모습, 분을 삭이지 못하는 모습, 고집스럽고 완고한 모습, 우유부단하고 나약한 모습, 내 부모에게서 볼 수 있었던 모습이 이제는 내 얼굴에서 나타나는 것이다. 이렇듯 부모를 용서하지 못하면 내가 부모와 똑같은 사람이 되는 것이다. 당신은 당신의 자녀들에게 어떤 모습을 물려주고 싶은가?

둘째, 용서를 하지 않으면 하나님의 예비된 복을 받을 수 없다.
하나님은 우리들에게 꿈과 같은 복을 주시기를 원하시는 분이시다. 고린도전서 2장 9절은 다음과 같이 말씀하고 있다.

"하나님이 자기를 사랑하는 자들을 위하여 예비하신 모든 것은 눈으로 보지 못하고 귀로도 듣지 못하고 사람의 마음으로 생각하지도 못하였다 함과 같으니라"

눈으로 보지 못하고, 귀로도 듣지 못하고, 마음으로 생각지 못했던 복은 꿈과 같은 복을 말하는 것이다. 그런데 이런 꿈같은 복을 우리들이 누리지 못하는 것은, 여러 가지 원인이 있겠지만 그 중에 하나가 바로 용서하지 못해서인 것이다.

요셉이 용서할 수 없는 형들을 마음으로 용서했을 때 하나님은 그에게 국무총리가 되는 복을 주셨다. 요셉은 고등교육을 받은 지식인이 아니다. 그는 노예였다. 또한 그는 애굽 사람도 아니다. 그는 히브리인이었다. 그런데 자기 나라도 아닌 타국에서 국무총리가 된다는 것은 꿈과 같은 일이다.

입다는 자신을 멸시하고 유린하고 왕따를 시킨 부모형제와 마을 사람들을 용서하고, 그들을 위하여 목숨을 걸고 전쟁에 나가서 싸웠다. 그래서 하나님은 그에게 '사사'라는 직책을 주셨다. 사사(士師)란 여호수아가 죽고 아직 왕이 없던 시대에 하나님께서 세우신 제도이다. 사사는 이스라엘 백성의 가나안 점령에서부터 왕국 설립 때까지 하나님의 대표자로 신적 권위를 가지고 있는 사람이었다. 또한 이스라엘을 다스리고 보호하며 재판하며, 이방 군대의 침입에서 보호하는 정치적 군사적인 지도자인 것이다. 입다가 사사가 된 것은 꿈같은 일이었다. 왜냐하면 입다는 기생의 아들이며 서자이기 때문에 당시에는 말단 공무원도 될 수 없었다. 그것은 법적으로 그렇게 정해져 있었다. 홍길동이 서자라는 이유 때문에 출세할 수 없었던 것과 같다. 그런데 입다가 말단 공무원도 아닌, 왕권, 군사권을 가지고 있는 민족의 최고 지도자가 된 것이다. 이것은 정말 꿈같은 축복인 것이다.

　욥은 자신을 비난하고 능욕하던 친구들을 용서했을 때에 하나님이 예비하신 갑절의 축복을 받았다. 학자들은 욥이 고난에서 벗어난 때를 약 70세로 보고 있다. 하나님은 욥에게 그 후로 140년을 더 살게 하시면서 후손을 4대나 보게 하셨다. 정말 꿈같은 복인 것이다.

　하나님이 당신에게 용서를 권하는 이유는 이런 꿈같은 복을 주시기 위함이다. 용서하지 못함으로 하나님의 꿈같은 복을 거부하지 마라. 만약에 요셉이 자신을 노예로 팔았던 형제들을 용서하지 못했다면 그는 평생 동안 노예로 살았을 것이다. 입다 또한 그를 무시하고 비난하고, 유기하였던 사람들을 용서하지 못했다면 그는 기생의 아들로 인생을 끝냈을 것이다. 당신의 삶을 역전시키고 싶은가? 그러면 당신에게 상처를 준 사람을 용서하라. 물론 배우자는 일흔 번씩 일곱 번이라도 끊임없이 용서해야 한다. 그래야 관계를 유지할 수 있고, 가정을 지킬 수 있지 않겠는가.

　셋째, 용서를 해야 참된 자유와 행복을 얻는다.
　낮은 자존감을 가지고 있는 사람들은 보통 자신을 싫어하는 경향이 있다. 그 이유 중에 하나는 자신에게서 자신에게 상처를 준 사람의 모습을 보기 때문이다. 앞에서 언급을 하였지만, 자신에게서 그토록 닮기 싫었던 부모의 모습을 보는 것이다. 알코올중독과 구타하는 아버지가 죽도록 싫었는데, 자신이 알코올중독자가 되었거나, 처자식을 구타하는 폭행자가 되어 있는 모습을 보는 것이다. 이런 징그러운 모습에서 해방되기 위해서는 자신을 학대했던 알코올 중독자인 아버지를 용서해야 한다. 그래야 그 모습이 자신에게서 떠나간다.

너무 오랫동안 미움의 감정을 깊이 감춰 두면 내가 그 사람과 같은 사람이 될 뿐만 아니라, 하나님과의 조화로운 관계도 파괴되고, 또한 원만한 대인관계에도 문제가 생기게 된다.

당신이 어느 날 직장 동료에게 악의없이 말을 했는데 상대편에서 버럭 화를 내면서 과민반응을 보이는 것을 본 적이 있는가? 그때 당신은 당황하면서 "저 친구가 왜 저래?" 하며 의아해했던 적이 있을 것이다. 그가 그렇게 과민반응을 보인 것은, 당신의 말 속에서, 과거에 받았던 쓰라린 상처가 되살아났기 때문이다.

이렇듯 용서하지 못한 숨겨진 상처는 어느 날 뜻하지 않는 방향에서 터질 때가 많다. 특히 가장 가까운 배우자와 자녀들에게 그 상처를 폭발시키게 되어서 천국이 되어야 할 가정이 지옥으로 변하게 되는 원인이 된다. 정말 행복한 부부가 되고 행복한 가정을 이루고 싶은가? 그러면 용서하라.

용서는 예수님께서 우리들에게 하신 명령이다. 예수님은 제자들에게 '주기도문' 기도를 가르치시면서 "우리가 우리에게 죄 지은 자를 사하여 준 것 같이 우리 죄를 사하여 주시옵고"(마 6:12)라고 기도하라고 하셨다. 이 말씀의 뜻은 무엇인가? 우리가 우리에게 죄 지은 자를 용서하지 않으면, 우리도 우리가 지은 죄를 하나님께 용서함을 받지 못한다는 것이다. 그러면 우리는 기도 응답을 받을 수 없을 뿐만 아니라, 하나님께서 예비해 놓으신 꿈과 같은 복을 받을 수도 없게 되는 것이다. 그래서 예수님은 주기도를 다 가르치신 후에 바로 다시 용서에 대해서 강조하셨던 것이다(마 6:14-15).

"너희가 사람의 잘못을 용서하면 너희 하늘 아버지께서도 너희 잘못을 용서하시려니와 너희가 사람의 잘못을 용서하지 아니하면 너희 아버지께서도 너희 잘못을 용서하지 아니하시리라"

비록 사랑하는 애인이 결혼 3일 전에 다른 남자의 손을 잡고 도망을 갔다고 하더라도 용서를 해야 한다. 결혼 3일 전에 도망을 간 여자는, 결혼을 해도 언젠가는 도망 갈 여자인 것이다. 그 여자와 결혼을 한 남자가 더 회복가능성이 없는 우울증에 빠졌다는 것을 기억하라. 하나님은 이것을 미리 아시고 그 여자로 하여금 도망을 가게 하였던 것이다. 어쩌면 그 여자가 도망을 간 것을 감사해야 될 지도 모르겠다. 그래서 성경은 "범사에 감사하라"고 하였던 것이다. 배반당한 남자가 도망간 애인을 용서하지 않았다면 그는 정신병원에서 평생을 보내게 될 수도 있었다. 그러나 그가 용서를 결단하자 우울증의 늪에서 벗어나게 되었던 것이다. 당신도 낮은 자존감의 감옥에서 벗어나려면 용서하기를 결단하여야 한다. 그러기 위해서 진정한 용서가 무엇인지 이해하는 것이 좋겠다.

용서는 단순히 잊어버리는 것이 아니다. 용서는 꼭 다른 사람이 옳았다고 인정해 주는 것도 아니다. 용서는 다른 사람이 당신을 조종하도록 허락하는 것이 아니다. 용서했다고 그 사람과 꼭 화해를 하는 것이 아니다. 화해는 쌍방 간에 이루어져야 하기 때문이다. 또한 용서했다고 모든 고통이 즉각적으로 사라진다는 것이 아니다.

진정한 용서란 무엇인가? 첫째로 당신에게 상처와 고통을 준 사람을 더 이상 당신에게 빚진 자로 취급하지 않는 것이다. 둘째, 상처를 준 사람을 비난하기보다 고통을 주었던 사건의 역동을 이해하는

데 더 많은 관심을 기울이는 것을 의미한다. 셋째, 상처를 받았던 과거의 지배를 받는 것이 아니라, 미래를 향해 성장하고 성숙하는 데 더 관심을 갖는 것을 의미한다. 넷째, 복수의 감정을 주님께 맡기는 것이다.

"내 사랑하는 자들아 너희가 친히 원수를 갚지 말고 하나님의 진노하심에 맡기라 기록되었으되 원수 갚는 것이 내게 있으니 내가 갚으리라고 주께서 말씀하시니라"(롬 12:19).

용서의 과정을 하루아침에 다 하려고 생각하지 마라. 용서란 그렇게 쉽게 되는 것이 아니다. 당신은 다만 용서하기를 결단하고 성령님께 맡겨야 한다. 그러다 보면 서서히 상처에서부터 자유함을 누릴 수 있다. 용서란 어쩌면 쓰레기로 가득한 집안을 청소하는 것과 같다.

옛날에 전혀 청소를 하지 않는 사람들이 있었다. 그들의 집 안팎은 쓰레기가 산더미를 이루었고 고약한 냄새는 온 동네에 퍼져나갔다. 동네 사람들이 그들에게 제발 청소 좀 하고 살라고 부탁을 해도 그들은 조금도 흔들리지 않고 꿋꿋하게 자신들의 생활방식을 지켜나갔다.

날씨가 따뜻한 어느 봄날 그 동네에 새로 이사를 온 사람이 그 집에 장미 묘목을 선물하였다. 그들은 창문 아래에 그 묘목을 심었다. 장미 나무는 무럭무럭 잘 자라서 빨간 장미꽃을 피웠다. TV를 보다가 그 집의 아내가 창밖을 보며 갑자기 감탄을 하였다. "어머! 장미꽃이 예쁘게 피었네."

그녀는 장미꽃을 좀 더 잘 보려고 때가 잔뜩 낀 창문을 닦았다. 그러자 장미꽃이 한층 더 예쁘게 보였다. 그런데 깨끗한 창문에 비하여 커튼이 너무나 더러워 보였다. 그래서 그녀는 커튼도 빨았다. 창문과 커튼이 깨끗해지자 이번에는 더러워진 벽지와 너무 대비되는 것이다.

이번에는 남편과 아들이 일어나서 온 집의 벽지를 새로 도배를 하였다. 도배를 깨끗하게 하자 이번에는 집 안과 밖이 너무나 대비되어서 집 외벽도 페인트칠을 하였다. 페인트칠을 하자 이번에는 여기 저기에 산더미처럼 쌓여 있는 쓰레기 더미가 마음에 걸렸다. 그들은 며칠을 걸려 쓰레기를 치웠다. 그리고 허전한 뜰에 꽃나무를 심기 시작하였다. 예전에 귀신이 나올 것 같았던 집이 이제는 그림 같은 집이 되어서 사람들이 놀러 오기 좋아하는 집으로 완전히 탈바꿈을 하게 되었다.

이렇듯 장미꽃을 보려고 창문을 닦은 것이 변화의 시작이 되었듯이, 당신도 처음부터 한 번에 모든 것을 바꾸려고 하지 말고, 당신은 단순히 용서하기를 의지적으로 결단만 하라. 그리고 성령님을 의지하면 성령님께서 용서의 장미꽃을 선사할 것이다. 당신이 용서를 결단하였다고 갑자기 환경이 바뀌거나 사람들이 변하지 않는다.

하나씩 하나씩 순서적으로 절차를 밟다보면 어느 날 당신은 변화된 당신의 모습에 감탄을 하며 하나님께 영광을 돌릴 수 있을 것이다.

6. 내적치유 기도를 하라.

요즘은 여러 곳에서 내적치유 세미나를 하고 있다. 그런 곳을 잘 선택하여서 참석하여 은혜를 받고 기도를 받으면 좋은 효과를 얻을 수 있을 것이다. 시간이나 여건상 내적치유 세미나에 참석할 수 없는 분들을 위해서, 나는 이곳에서 자신이 직접 내적치유 기도를 하는 방법을 소개하고자 한다.

낮은 자존감과 마음의 상처를 치유하는 방법은 여러 가지가 있다. 정신분석치료, 대인관계분석치료, 행동수정치료, 자기양육법, 음악치료, 미술치료, 알코올중독자 치료를 위한 12단계 등이 있다. 위의 치료법들은 각자 특색이 있고 좋은 효과도 있다. 그러나 완전하지 않고 한계가 있다. 그래서 기독교 치유 상담자들은 '내적치유 기도'를 해 줌으로써 예수님을 직접 만나게 하고 그분의 위로하는 음성을 듣게 함으로써 마음의 상처를 치유하고 있다.

나 또한 이 방법이 유익하며 좋은 효과가 있음을 인정하기 때문에 이곳에서 소개하고자 한다. 내적치유 기도하는 법을 소개한 후에 「알코올중독자 치료를 위한 12단계」도 소개할 것이다. 이 치료법도 성인아이와 낮은 자존감의 치유에 많이 적용하고 있고 좋은 결과를 얻고 있다. 자, 이제부터 내적치유 기도를 시작해 보자.

1) 자신을 보호하는 기도를 한다.

내적 기도에 앞서서 먼저, 자신을 보혈로 덮는 기도를 하여야 한다. 왜냐하면 마귀는 할 수만 있으면 당신을 방해하고, 망하게 하기 위해서 수단 방법을 가리지 않기 때문이다. 또한 마귀는 예수님의 형상과 음성을 흉내를 내서 거짓된 정보와 음성을 들려줄 수 있기 때문이다. 그래서 자신을 보호하는 기도와 예수님의 보혈과 전신갑주를 입어야 한다. 다음과 같은 기도를 따라하라.

"주님, 예수님의 보혈과 전신갑주로 나를 덮고 입습니다. 악한 사탄이 나를 공격하지 못하도록 나를 지켜주시고 온전한 치유가 일어나도록 도와주옵소서. 내가 성령님의 인도하심에 순종하게 하시고, 주님의 음성을 잘 구별할 수 있도록 도와주십시오.

사탄아! 나는 예수님의 보혈과 전신갑주로 나를 덮고 입었다. 너는 나를 공격하지 못함을 선포하노라. 또한 거짓된 모습과 음성으로 나를 속이지 못함을 선포하노라."

2) 성령님의 인도하심을 구하고 임재하심을 받아들여라.

"이와 같이 성령도 우리의 연약함을 도우시나니 우리는 마땅히 기도할 바를 알지 못하나 오직 성령이 말할 수 없는 탄식으로 우리를 위하여 친히 간구하시느니라 마음을 살피시는 이가 성령의 생각을 아시나니 이는 성령이 하나님의 뜻대로 성도를 위하여 간구하심이니라"(롬 8:26-27).

내적 기도를 효과적으로 하기 위해서는 성령님의 도움 없이는 불가능하다. 그래서 예수님도 병자를 고치거나 귀신을 쫓아내실 때 성령님을 의지하였던 것이다.

"그러나 내가 하나님의 성령을 힘입어 귀신을 쫓아내는 것이면 하나님의 나라가 이미 너희에게 임하였느니라"(마 12:28).

성령님께 다음과 같이 기도하라.

"성령님. 이제 제가 옛 상처와 낮은 자존감에서 고침 받고 자유를 얻고자 합니다. 저의 인격과 성품, 대인관계, 그리고 주님에게 걸림돌이 되는 것이 무엇인지 알려주시기를 부탁드립니다. 성령님. 지금까지 저에게 부정적인 영향을 끼치는 상처는 무엇이며, 언제 그런 상처를 받았는지 떠오르게 해 주십시오."

이렇게 기도한 후에 성령님께서 당신의 영혼과 심령에 임재하시고, 당신이 치유받아야 할 상처를 떠오르게 할 때까지 조용히 기다려라.

3) 상처받은 사건을 기억하고 당시의 그 상황으로 들어가라.

눈을 감은 채 아무 생각을 하지 말고 성령의 강력한 역사 속에서 과거의 상처의 기억 속으로 되돌아가 가장 중요하며 기억에 남아 있는 상처를 떠오르게 해야 한다. 어쩌면 상처를 받았던 기억이 잘 떠오르지 않을 수도 있다. 그 이유는 당신 스스로가 그 충격과 상처에서 보호하기 위해서 감정을 억압하였기 때문이다. 이럴 때는 다음과 같이 성령님께 도움을 다시 요청하라.

"성령님, 보여 주시고 기억나게 해 주세요. 내 인격과 성격에 영향을 주었던 상처가 언제부터 시작되었습니까? 이제 낮은 자존감의 뿌리를 제거하고 주님의 형상을 닮아가려고 합니다. 하나님 도와주세요."

이렇게 기도를 하면서 기다리면 성령님은 당신의 마음에 당신에게서 다루어야 할 상처들을 기억나게 해 주실 것이다. 나는 이미 당신을 돕기 위해서 제3장 〈심리사회적 발달단계〉에서 태아기부터 청소년기를 상세히 설명하였다. 제3장을 읽으면서 당신은 당신이 어느 시기에 상처를 받고 그로 인해서 당신의 성격에 어떤 영향을 미쳤는지 알게 되었을 것이다.

자, 다시 집중하라. 어머니 태중에서부터 지금까지 가장 강하게 떠오르는 기억을 집중하되 가능하면 아주 어릴 때 즉 태중의 깊은 상처 속으로 가기를 성령님께 맡겨야 한다.

일중독과 우울증에 빠졌던 은진(가명)이라는 자매가 있었다. 그녀는 심한 우울증 때문에 몇 번의 자살 기도를 하였고, 실어증 증세까지 있었다. 그녀가 이렇게 심한 우울증에 걸리기 전에는 하루에 3시간 이상을 잠도 자지 않고, 쉴 새 없이 일을 하는 일 중독자였다. 그녀가 이렇게 쉴 새도 없이 일을 한 원인은 마음 한 구석에서 쉴 새 없이 들려오는 목소리 때문이었다. 그 목소리는 다음과 같이 속삭였다.

"너는 가치가 없는 인간이야, 차라리 죽어버려."
"너는 실패작이야, 어떤 일을 해도 성공할 수 없을 거야."

그녀는 이런 목소리를 거부하고 자신이 가치 있는 사람이라는 것을 증명하여야 한다고 생각했다. 그래서 잠자고 밥 먹는 시간도 아까워하며 일에 매달렸다.

주위 사람들은 긍정적으로는 그녀를 부지런한 사람이며 적극적인 사람이라고 평했고, 부정적으로는 그녀를 완벽주의자라고 평했다. 그녀는 일에 매달리면 매달릴수록 마음에 절망감이 엄습했다. 그녀는 똑똑했고 유능한 사람이었다. 그런데 이상하게도 그녀가 만나는 남자들은 형편없는 건달들이었다. 그녀는 미친 듯이 일해서 번 돈을 그 형편없는 남자들에게 다 빼앗겼다.

그녀와 상담을 하자 그녀의 엄마는 고등학교 3학년 여름 방학 때 해변에서 만난 사람과 사랑도 없이 술기운에 이끌려 잠자리를 같이 하였다는 사실을 알게 되었다. 은진이 자매는 '원치 않는 아이'로 태어났던 것이다.

그녀가 내적 기도를 할 때에 "성령님, 왜 내 마음에는 평안이 없고, 늘 죽고 싶은 생각만 떠오를까요?"라고 질문을 하자, 성령님은 그녀가 엄마의 복중에 있을 때, 태아의 모습을 보여주었다. 아기는 숨도 제대로 쉬지 못하고 공포로 몸을 잔뜩 웅크리고 있었다. 그 아기의 귀에 엄마의 소리가 비수처럼 후벼 팠다.

"죽어버려! 왜 네가 생긴 거야? 나는 너를 원치 않아, 죽어! 죽어버려!"

엄마는 이렇게 소리치면서 배를 주먹으로 사정없이 쳤다. 은진이 자매는 이런 가슴 아픈 기억을 떠올리며 몸부림치면서 울었다.

고 3인 그녀의 엄마는 그녀가 임신을 했다는 것을 알았을 때 두려움과 극심한 스트레스를 받았을 것이다. 처음에는 임신 사실을 숨기다가 낙태를 할 수 없는 상태까지 가서 결국에는 은진이 자매를 낳았지만 그녀는 엄마를 언니라고 부르며 성장해야 했다.

엄마의 고통이 자기 때문이라고 생각한 은진이 자매는 성장해 오면서 자신의 필요를 누구에게도 부탁을 하거나 요구하지 않았다. 엄마의 인생을 자신이 대신 살아야 한다는 중압감과 자신의 존재를 증명하려면 아주 특별한 사람이 되어야 한다고 믿었다. 그래서 그녀는 무슨 일을 하든지 완벽하게 일을 하려고 하였다. 그러나 그럴수록 그녀는 허탈했고 죽고 싶은 유혹을 받곤 하였던 것이다.

　삶에 큰 흉터를 남긴 상처들을 다시 기억한다는 것은 정말 고통스러운 일일 수 있다. 그래도 당신이 언제 상처를 받았는지 정확하게 기억해 내야 한다. 이는 손바닥에 박힌 가시나 유리조각을 빼내는 작업과 같다.
　손바닥에 박힌 가시나 유리조각을 빼낼 때 아픔과 고통이 있지만, 그러나 그것을 빼내지 않으면 손을 쓰는데 많은 장애를 받게 된다. 마찬가지로 정상적으로 처리되지 않은 나쁜 기억과 상처들은 우리들의 성격과 감정을 불구로 만들어 놓는다. 낮은 자존감, 분노, 의심증, 우유부단, 우울증, 수치심, 각종 중독, 자살충동, 결단력 부족, 표현력 부족, 친밀감 부족, 죄의식, 두려움 등 이 모든 감정들은 치유되지 않은 상처들의 쓰레기들이다. 이런 악취 나는 쓰레기를 치우기 위해서는 과감히 청소도구들을 들어야 한다. 그 첫 단계가 그때의 아팠던 기억을 떠올리는 것이다.

　4) 당시에 받았던 감정을 느끼고 표현하라.
　회복 과정 중에 있는 낮은 자존감의 소유자는 슬퍼하는 법을 배워야 한다. 그들은 자신이 어린아이였을 때 마땅히 받아야 할 사랑을 받지 못했고, 그 사랑은 그 어떤 것으로도 결코 대체될 수 없다는 사실을 깨닫고 애통하는 시간을 가져야 한다.
　때로는 가해자를 대면해야 할 때도 있는데, 그럴 경우는 가해자가 피해자를 대면할 준비가 되어 있어야 한다. 그렇지 않으면 서로에게 불필요한 상처를 남길 수도 있다. 그렇기 때문에 이때에는 전문가가 동참하는 것이 좋다. 전문가는 가해자에게 만약에 피해자가 분노를 표출하더라도 그가 그렇게 하는 것이 치유에 도움이 되며 가해자 또한 잘못된 행위를 고칠 수 있다는 것을 말하므로 그들 쌍방을 도와야 한다.

보통 학대의 상처를 이해하지 못하시는 분들은 무조건 용서하라고 권한다. 그러나 참된 용서는 애통(grief)과 분노의 감정을 충분히 경험한 후에 해야 후유증이 없다. 용서는 분노와 대면하는 시간을 갖고 난 후에야 비로소 가능한 것이다. 너무 빠른 용서는 적절한 치유 없이 상처 위에 붕대만 감아놓는 격이 된다.

자, 이제 당신이 낮은 자존감에서 회복되기 위해서 당신이 받은 감정을 솔직하게 표현해 보자. 먼저 상처를 받은 그 상황을 떠올리고, 그때에 당신이 받았던 슬픔과 아픔, 그리고 절망감과 수치심을 다시 느껴보라. 마치 흑백영화를 상연하는 극장에 앉아 있다고 상상하라. 그 영화의 제목은 〈과거의 상처〉이다.

당신은 속으로 천천히 '과거의 상처'라고 제목을 읽는다. 영화 속에서는 당신이 어릴 때 받았던 상처와 고통을 상영하고 있다. 그 영화를 그 당시의 어린 당신이 보고 있다. 어른인 당신은 그 영화를 보고 있는 어린 당신을 좌석의 7줄 뒤에서 보고 있다. 이때 당신의 감정은 어떤가?

그 감정을 억압하지 말고 그대로 밖으로 표출하라. 화가 나면 화를 내도 좋다. 슬프면 울어도 좋다. 자신의 감정을 표현하는 행위는 그 자체만으로 내면에 깃든 묵은 상처를 치유하는 기능이 있다. 그래서 면도날 같은 기억도 외부로 표출되는 순간 종잇장처럼 부드럽게 변하는 것이다. 그래서 상처를 받았을 때는 애도 과정(grief process)이 필요한 것이다.

역기능 가정의 특징에서 언급을 하였지만, 어떤 목사는 사랑하는 사람이 죽었는데도 '울면 천국을 믿지 못하는 불신앙이다.'라고 주장하며 눈물을 흘리지 못하게 하는 분이 있다. 그러나 이것은 성경을 잘못 이해하고 있는 무식한 소치이다. 성경을 보면 하나님은 애곡하는 법과 애가를 자녀들에게 가르치라고 말씀하고 있다(렘 9:20).

"부녀들이여 여호와의 말씀을 들으라. 너희 귀에 그 입의 말씀을 받으라 너희 딸들에게 애곡하게 하고 각기 이웃에게 슬픈 노래를 가르치라."

마음이 아프면 울어야 한다. 그래야 독소가 빠져 나간다. 눈물에 대해서 연구한 결과, 양파를 썰 때 나오는 생리작용적인 눈물과 달리, 감정이 작용해서 흘리는 눈물 속에는 체내에 있던 독소들이 다량으로 검출된다고 한다. 인생에서 소중한 것을 잃어버렸을 때 눈물을 흘리고 애통하는 시간을 가짐으로써 우리는 과거를 과거로 떠나보내고 미래를 향해 새로운 출발을 가다듬을 수 있는 힘을 가질 수 있다. 그래서 하나님은 슬픔을 충분히 애도할 수 있도록 배려하셨던 것이다.

슬프면 한바탕 속 시원하게 울어도 좋다. 그렇게 울고 나면 상처로 인한 분노, 아픔, 슬픔, 절망감 등이 걷히면서 마음이 차분해지고 현실을 받아들이는 용기와 평안이 생기는 것이다. 아리스토텔레스는 그의 저서 《시학》에서 그런 현상을 '카타르시스'라고 설명했다.

감정을 표현하면 마음뿐 아니라 몸의 질병도 치유된다는 연구 결과도 있다. 정신분석학자인 빅터 프랭클은 유대인으로서 나치의 포로수용소에서 지옥 같은 고통을 이기고 살아남은 사람이다. 그는 후에 그의 경험을 담은 《죽음의 수용소에서》라는 책을 썼는데, 그는 이 책에서 다음과 같이 말하고 있다.

"울음을 부끄러워할 필요는 없다. 눈물은 한 사람의 가장 위대한 용기, 고통을 참고 견딜 수 있는 용기가 있음을 입증하기 때문이다. … 나의 동료 가운데 한 사람도 눈물을 흘렸다고 고백했다. 그는 한때 부종에 시달리고 있었는데 어느 순간 부종의 고통에서 벗어나 있었다. 나는 그에게 어떻게 부종을 이겨냈는지 물었다. 그는 이렇게 말했다. '실컷 울어서 부종을 몸 밖으로 내보냈다네.'"

5) 당신에게 상처를 준 사람에게 이야기한다.

당신이 받은 상처를 기억하고 충분히 아파하고 슬퍼하였다면, 이번에는 당신에게 상처를 준 사람에게 다음과 같이 감정을 표현하라.

"왜 나에게 그렇게 했어요? 그것 때문에 내가 얼마나 힘들고 괴로웠는지 아세요?"

"왜, 그렇게 나를 무시하고 학대했나요? 그것 때문에 내가 얼마나 죽고 싶었는지 아세요? 지금도 나는 그 후유증으로 고통을 빋고 있나고요!"

당신에게 상처를 준 사람들이 그 자리에 있는 것처럼 크게 말하는 것이 도움이 된다. 그들에게 당신이 느낀 것과 그들이 당신에게 했던 것에 대해서 말하는 것이다. 말하는 것이 어색하면 편지를 쓰는 것도 좋다. 당신이 그때 얼마나 절망적이고 슬펐는지, 얼마나 죽고 싶고 고통스러웠는지, 마음이 찢어지도록 아팠는지, 그 모든 감정들을 편지로 쓰라. 그리고 사랑받고 싶어 했던 마음과 서운함, 미련, 그리고 그리움까지 문맥이나 문법에 상관없이 하루 종일 편지에 집착하며 써 보라. 편지는 당분간 간직하거나, 추억의 장소나 부모님의 묘에 묻거나, 불태워 허공에 훨훨 날려 보낸다. 그들을 용서하는 마음과 함께 영원히 날려 보내라.

6) 상처를 준 사람을 용서하고 떠나보내라.

당신에게 상처를 주고 상실을 준 사람에게 충분히 당신의 감정을 쏟아 부었다면, 이번에는 원한의 감정을 품지 말고 그를 용서해야 한다. 그래야 당신이 과거의 끈에서 해방될 수 있다. 자신의 삶을 유린한 사람을 용서한다는 것은 그리 녹녹한 일이 아니다. 김선우 시인의 시 〈열네 살 舞子〉를 보면, 일본군에게 위안부로 끌려간 우리나라의 불쌍한 소녀들의 비극을 다음과 같이 노래하고 있다.

"파라오에 간 지 1년쯤 지나 전쟁이 났어. 전쟁 후엔 하루 이삼십 명, 주말에 길게 줄 선 군인들이 옷 벗을 새도 없이 벨트 풀어 총대 옆에 놓고 바지 단추를 풀곤 했지 … 사타구니 양쪽이 터져 피고름이 흘렀네. 군의관이 와 터진 것 닦아내고 가제를 붙여 두었지 …
언니들 중 몇이 아래가 아파 몸 안 주고 덤비다가 동굴로 끌려갔네. 아랫배에 총을 쏘고 젖가슴 베어 … 미에코와 요시코란 이름을 쓰던 언니들이 이때 죽었네 … "

이런 시를 읽으면 유린당한 우리나라의 처녀들의 고통과 아픔이 치가 떨리도록 느껴진다. 이는 국가적인 수치심이다. 그래서 우리나라 사람들이 일본과 경기를 붙었다 하면 그렇게 열을 내는 이유일 것이다. 용서란 국가적이나 개인적으로도 그리 쉬운 것이 아니다. 그러나 자신을 더러운 쓰레기 더미에서 구출하려면 용서가 꼭 필요한 것이다.

　물론 상대를 용서하지 않고, 다만 나에게 상처를 준 경험과 화해할 수도 있다. 그러나 용서하면 가해자보다 내가 더 크고 강하다는 것을 입증하는 것이 되는 것이다. 용서는 약한 자가 하는 것이 아니라 강한 자가 하는 것이기 때문이다. 당신을 이제는 약자가 아닌 강한 자로 세우기 위해서 그 사람을 용서하라. 요셉처럼 복수할 수 있는 위치와 권세를 가지고 있는데, 복수를 하지 않는 것, 그것이 참으로 강한 사람이고 자유인 것이다.

　나에게 상처를 준 사람을 용서했으면, 이제는 떠나보내야 한다. 당신이 진정으로 성장하고 성숙하기 위해서는 당신에게 상처를 주고 낮은 자존감을 준 대상을 떠나보내고 자유로워져야 한다. 그들이 당신에게서 떠나는 모습을 상상하며 손을 흔들어주라. 당신으로 인하여 한때 내가 몹시 힘들고 아팠지만 이제는 그 굴레에서 벗어나 자유인이 되었다고 … 이제는 상처의 영향을 받지 않고 성경의 진리대로 살게 되었다고 … 그래서 당신을 떠나보낸다고 … 손을 흔들어주라. 잘 가라고…

　상처를 준 사람을 떠나보내기 위해서, 과거에 당신에게 상처를 주었던 인물과 관계된 장소를 찾는 것도 좋다. 그 장소에서 그 사람에게 말하라. 나는 이제 당신에게서 자유로워졌다고 … 더 이상 당신에게 영향을 받지 않는다고 … 부모님의 무덤을 찾아가서 말하는 것도 좋다. 어쨌든 나를 낳아주셔서 감사하다고, 뒤늦게 원망 없이 부모님을 떠나보내게 되어서 다행이라고. 평안하게 잘 지내라고 말한

후에 모든 과거를 그곳에 두고 오라.

이제 과거의 인물과 관계 맺으며 형성된 과거의 초라한 자기도 떠나보내야 한다. 약하고, 비겁하고, 우유부단하고, 겁 많고, 의심 많고, 쉽게 분노하고, 외롭고, 수치심으로 부끄러워하고, 이기적이고, 징징 울어대는 아이를 이제는 떠나보내야 한다. 그 아이의 손을 다정하게 잡고 위로한 후에 떠나보내라. 너무 슬퍼하지 말라고, 오랫동안 나와 함께 했지만, 이제 나는 성숙한 성인으로 살기로 했다고 … 이제는 더 이상 유아기로 퇴행하지 않을 것이니 나에게서 영원히 떠나라고 … 너무 섭섭하지 말라고 위로하며 보내라.

사실, 예전의 모습은 거짓 선지자들이 만들어낸 나와 비슷한 유사품이며 밀납품이었다. 우리는 오래도록 부모나 교사가 성장기 내내 만들어 낸 틀 안에 주입한 납으로 인해 만들어진 인형처럼 살았다. 이제 그 생명 없는 인형을 떠나보내고, 하나님의 형상인 왕의 모습을 회복해야 한다. 이제 왕의 자녀답게 온유하나 당당한 모습으로 살겠다고 결심하라.

7) 그 사건에 함께 있었던 예수님을 찾아보라.
〈과거의 상처〉라는 흑백영화 속으로 다시 들어가 보자. 이번에는 그 사건의 현장에 계신 예수님을 보아야 한다. 주님은 "내가 너희와 항상 함께 있으리라"(마 28:20)고 약속하셨기 때문에 그때에도 주님은 당신과 함께 있었다. 숨겨진 오래된 상처를 치유받기 위해서는 옛날의 그 사건의 현장에서 예수님을 만나고 예수님의 음성을 듣고, 예수님의 사랑을 확인해야 한다. 그래야 상흔이 사라지고 고통을 제거할 수 있다.

예수님이 그 사건을 바꾸시지는 않지만, 상처의 부정적인 영향력을 깨뜨리고 고통과 두려움을 없애 주는 역할을 하신다. 주님은 당신이 겪은 상처를 재조명하시고 새로운 시각으로 바라볼 수 있도록 도와주신다. 사건 현장에 계신 예수님을 보고, 그분의 위로하는 음성을 듣고 그분의 사랑을 확인할 때, 온전한 치유가 이루어진다.

눈을 뜨고 예수님이 보이지 않으면, 눈을 감으라. 그리고 마음을 편안하게 하고 몇 번 숨을 천천히 들이마셨다가 천천히 내뱉으라. 자, 이제 과거의 장면을 떠올려보라. 상처를 받아서 울고 있는 당신에게 예수님이 걸어가시는 것을 믿음의 눈으로 보라.

주님께서 당신의 어깨에 손을 얹으신다. 주님의 손에서 따뜻함이 느껴진다. 부끄러워하는 당신에게 주님이 말씀하신다.

"얘야, 너를 안아도 괜찮겠니?"

"네."

당신은 모깃소리 만하게 대답을 하면서 고개를 끄떡인다. 예수님이 넓고 따뜻하고 포근한 품으로 당신을 꼬옥 안는 것을 느껴라. … 당신의 눈에서 자신도 모르게 눈물이 흐른다. … 예수님의 따뜻하고 사랑이 풍성한 음성이 다시 당신의 가슴을 적신다.

"얘야, 힘들어하는구나. 마음이 아프지. 이제 울지 말거라. 내가 너를 도와줄게. 언제든지 너를 버리지 않고 항상 함께 있을게. 그리고 네가 필요한 것은 무엇이든지 도와줄게, 괜찮아! 내가 내 십자가 보혈로 너의 모든 죄를 씻어주고, 연약한 것은 강하게 해주고, 없는 것은 나의 풍성함으로 채워줄게. 나는 네가 자랑스럽고 사랑스럽단다. 너는 너무나 소중한 사람이란다. 나는 네 이름만 불러도, 네 얼굴만 생각해도 기쁨이 넘친단다. 힘들면 언제든지 나를 불러, 그러면 바로 너에게 올게."

예수님의 음성을 듣자, 당신의 마음에 사무치던 서러움, 억울함, 분노, 미움, 복수심, 증오의 눈덩어리가 싸악 녹고 사라지는 느낌을 받는다. … 그래도 사라지지 않는 의문이 있으면 예수님께 질문해 보라. 다음과 같이 질문해도 좋을 것이다.

"예수님, 왜 그렇게 내가 상처를 받아야만 했나요?"

"예수님, 그 사람이 왜 나를 그토록 미워했나요?"

"예수님, 왜 그 사람과 관계가 그렇게 나빠졌는지 가르쳐 주세요."

당신의 질문에 예수님이 말씀하시는 것을 들으라. 아직 예수님의 음성이 들리지 않는다면 그것은 훈련이 덜 되었기 때문이다. 차츰 훈련을 하시고, 지금은 주님께서 당신에게 다음과 같이 말씀하시고 있음을 받아들여라.

"그것은 네가 나쁘거나 잘못되어서 그런 것이 아니란다. 너를 소홀히 대하고 무례히 대한 것은 그들의 잘못이란다. 그들이 사랑하는 방법을 모르고 사랑을 주는 법을 모르기 때문이고, 자유의지를 죄를 짓는데 사용해서란다. 너는 어리고 힘이 없어서 그냥 당한 것이란다. 그러나 네가 그런 대우를 받았다고 네 가치나 존재가 떨어지거나 더럽혀 진 것이 아니란다. 너는 여전히 소중한 존재이며 존귀하며 순결하단다. 다른 사람이 말하는 비난의 소리에 기죽을 필요가 없단다. 내가 말하는 것이 진리이기 때문이지. … 애야, 너의 상처에 나의 십자가의 보혈을 발라 줄게. 완전하고 깨끗하게 나을 수 있도록 말이야."

예수님이 당신의 마음과 몸에 보혈을 발라주는 것을 느끼며, 당신은 감격하여 눈물을 흘린다. 보혈의 능력이 느껴지자, 모든 죄악이 씻기고, 모든 상처가 순식간에 낫고, 순결하고 정결해진 것이 느껴진다. 당신은 그 감격을 예수님의 품에 안겨서 한참동안 느낀다. 당신의 마음속에 예수님의 사랑과 용서와 은혜가 충만하게 가득 차는 것을 느낀다. … 이제 충만하다고 생각이 들자 당신은 예수님을 안았던 팔을 푼다. … 예수님도 당신을 안았던 팔을 풀면서 당신을 사랑스럽게 본다. … 오랫동안 교제하던 애인과 작별을 하듯이 예수님은 당신과 작별 인사를 하고 당신에게서 멀어진다. … 당신은 예수님의 뒷모습을 보며 사랑과 감격과 전에는 느껴보지 못한 행복을 느끼면서 눈물을 흘리는 자신을 본다. … 당신은 그 자리에 당신이 원하는 만큼 서 있다가 땅바닥에 흩어진 돌멩이를 본다. … 당신은 당신과 예수님이 만난 것을 기념하기 위해 돌멩이를 집어 들고 한쪽 면에 '용납'이라고 쓰고 다른 한 쪽에는 '사랑'이라고 쓴다. … 이제 당신이 미래를 향해서 걸어 나오는 모습을 본다. … 예수님께 용서받고 사랑과 은혜를 받은 사실 때문에 몸이 날아갈듯 가벼움을 느낀다. … 이제 당신은 현재 있는 곳까지 왔다. … 깊은 숨을 들이쉬면서 당신의 가슴에서 힘을 느껴 보라. … 참았던 숨을 내쉬면서 소리를 내 보라. … 당신의 팔과 손가락에서 나오는 힘을 느껴 보고 … 손가락을 움직여 보라. … 어깨, 목, 그리고 턱에서 나오는 힘도 느껴 보라. … 당신의 얼굴과 존재 전부를 느껴보라. … 이제 숨을 크게 한 번 들이마시고 뱉어내면서 눈을 뜬다. … 눈을 뜰 때, 깊은 잠에서 막 깨어난 듯 상쾌하고 깨끗한 느낌을 받을 것이다. … 자, 이제 "주님 감사합니다." 하고 눈을 떠라.

기도를 마친 후에 당신이 어떻게 느껴지는가? 아까와는 전혀 다른 존재가 된 느낌일 것이다. 그럼 마음의 상처가 치유되었다는 증거이다. 한 번 확인해 볼 겸, 옛날의 극장으로 다시 가 보자. 이번에는 총천연색 화면으로 〈과거의 상처〉의 장면들을 보라. 예전의 상처받아서 울고 있는 당신을 다시 보라.

아까 느꼈던 아픔과 고통이 느껴지지 않으면 당신의 상처는 치유받은 것이다. 그런데 여전히 아프고 고통스럽다면 아직 상처가 치유되지 않은 것이다. 만일 예수님의 격려의 음성을 듣지 못했다면 다시 처음부터 시작하라. 몇 번 시도해 보면 성령님께서 도와주셔서 주님의 음성을 듣게 될 것이다. 나의 책 《하나님음성 확실히 듣는 법》(가이드포스트 출판사)을 참고하면 더 좋은 효과를 얻을 수 있을 것이다.

그리고 위의 글을 당신이 신뢰하는 사람에게 부탁하여 낭독해 달라고 해서 몇 번이고 마음에 평화가 올 때까지 반복하라. 도와 줄 사람이 없으면 녹음기에 녹음을 해서 실시해도 동일한 효과를 볼 수 있을 것이다. 명심하라. 당신은 용서를 받았고, 새로운 피조물이며, 저주에서 해방된 자유인이며, 하나님의 자녀이며, 왕의 후손이다. 이제 그렇게 행동을 해야 한다. 기쁘면 또 울어도 된다.

당신은 이제 새 사람을 입었다. 과거의 모습은 이제 완전히 벗어 버려라.

"누구든지 그리스도 안에 있으면 새로운 피조물이라 이전 것은 지나갔으니 보라 새 것이 되었도다"(고후 5:17).

이제 당신을 정죄할 사람은 아무도 없다. 당신은 이제 미운 오리새끼가 아니라, 백조로 거듭났다. 거지가 아니라, 왕자의 신분을 회복하였다. 이제 신분에 맞게 왕처럼 살기를 바란다.

"그들로 우리 하나님 앞에서 나라와 제사장들을 삼으셨으니 그들이 땅에서 왕 노릇 하리로다"(계 5:10).

"… 예수 그리스도를 통하여 생명 안에서 왕 노릇 하리로다"(롬 5:17).

7. 알코올중독자 치료를 위한 12단계를 적용하라.

알코올중독자 익명 모임(Alcoholics Anonymous)의 창시자는 빌 윌슨(Bill Wilson)이다. 그는 1934년 과도한 음주로 인하여 병원에 입원해 있는 동안 '알코올중독자 익명 모임'의 개념을 생각해 냈다. 윌슨의 생각에 처음으로 동참해 준 사람은 로버트 홀브루크 스미스(Robert Holbrook Smith) 박사였다.

20세기 초기에 일어난 비공식적 복음주의의 운동인 옥스퍼드 그룹(Oxford Group)의 지도자였던 회중교회 목사 사무엘 무어 슈메이커 2세(Samuel Moor Shoemaker, Jr)의 도움을 얻어 성경을 바탕으로 한 12단계 AA 프로그램을 완성하게 되었다. 이 12단계는 알코올중독자들뿐만이 아니라, 영적인 성숙에도 많은 도움을 주고 있다. 프랭크 미너스(Frank Minirth)는 AA 12단계에 대해서 다음과 같이 말했다.

"12단계 프로그램은 모든 그리스도인들이 매일 실천할 수 있는 영적인 헌신, 성장, 제자도를 위한 프로그램이고, 어떤 문제나 욕구를 가지고 있는 모든 사람을 돕고, 그들에게 전도할 수 있는 프로그램이다."

또한 이 AA 12단계 프로그램은 역기능 가정에서 성장한 성인아이(Adult Child)와 낮은 자존감의 소유자에게도 효과적인 치유가 일어나기 때문에 이곳에서 나는 12단계 프로그램을 간단하게 소개하고자 한다.

AA의 12단계

1. 우리는 알코올에 대해 자신이 무력함을 인정하고 우리의 삶이 통제불가능함을 인정한다.
2. 우리는 우리 자신보다 더 위대한 능력이 우리를 온전한 모습으로 회복시킬 수 있음을 믿는다.
3. 우리의 의지와 삶을 우리가 이해하는 하나님의 돌보심에 맡기기로 결단한다.
4. 우리 자신들에 대한 철저하고 두려움 없는 도덕적 재고 정리를 했다.
5. 하나님, 자신, 다른 사람들에게 우리가 행한 잘못의 본질을 있는 그대로 인정했다.
6. 하나님께서 이 모든 성품의 결함들을 제거해 주시도록 내어드릴 준비가 완전히 됐다.
7. 우리의 결함을 제거해 주시도록 그분께 겸손히 간청하였다.
8. 우리가 해를 입힌 사람들의 목록을 작성하고, 그들 모두에게 기꺼이 보상한다.
9. 당사자나 다른 사람들에게 피해를 주는 때를 제외하고, 가능하다면 어디에서나 그들에게 직접적으로 보상한다.
10. 계속적으로 개인적인 목록을 작성하고, 우리에게 잘못이 있을 때는

즉각적으로 그것을 인정하였다.
11. 기도와 묵상을 통해 우리가 이해하는 하나님과 의식적인 접촉을 개선하려고 노력하고, 오로지 우리를 향한 그분의 뜻을 아는 지식과 그 뜻을 실행할 수 있는 능력만 간구하였다.
12. 이러한 단계의 결과로 영적 각성을 갖게 되었으며, 이 메시지를 알코올 중독자들에게 전하고, 또 이 원리들을 우리의 모든 문제에 적용하려고 노력하였다.

12단계는 궁극적인 해답은 아니다. 다만 도움이 되는 해답들 중의 한 가지 방법이며 매우 효과적인 영적회복 프로그램이다. 알코올 중독자 치료를 위한 12단계를 좀 더 이해하기 쉽게 구체적으로 살펴보자.

치료의 첫 단계는 자신에게 문제가 있음을 인정하는 것이다. 그리고 자기 자신이 자신을 통제하지 못하고 있음을 고백하고 자신은 도움을 받아야 할 약한 존재임을 인정하는 것이다.

자기가 무기력하고 자신의 삶을 통제하지 못한다고 인정하는 것을 부끄러운 일이다. 물론 어떤 사람은 일부로 허약하고 무기력하게 보여서 다른 사람을 조종하는 사람들도 있다. 그러나 보통 학대를 받아서 낮은 자존감을 갖게 된 사람들은 그것을 숨기기 위해서 인생에서 최고의 위치를 얻으려고 강박적으로 노력을 한다. 그래서 그들은 최고의 직책 최고의 직업을 갖게 되는 경우가 많다. 성직자가 된 사람 중에도 이런 사람이 많다고 한다. 물론 이런 사람이 상처에서 치유 받고 예수님처럼 '상처받은 치유자'가 될 경우에는 많은 사람들을 살릴 수 있다. 그러나 자신의 상처를 숨기고 일중독과 완벽주의의 탈을 쓰고 사역을 할 경우에는 그의 사역은 치열한 전쟁터가 될 것이고, 그 전쟁터에는 무수한 어린 양들의 시체들이 나뒹굴게 될 것이다.

어쨌든 성공의 위치에서 자신의 숨겨진 모습을 보이면서 자신이 무능력하며 자신을 통제할 수 없다고 인정하는 것은 정말 고통스러운 일이다. 그래도 정말로 참 자유를 얻으려면 그런 고통을 감수해야 한다. 자신이 연약한 존재라고 시인하는 것은 하나님 앞에서 겸손한 것이다. 성경은 다음과 같이 말하고 있다.

"의인은 없나니 하나도 없으며"(롬 3:10).
" 모든 사람이 죄를 범하였으매 하나님의 영광에 이르지 못하더니"(롬 3:23).

사도 바울과 같이 거룩하고 복음을 위해서는 자신의 목숨을 분토(糞土)같이 여기던 사람도 다음과 같이 솔직하게 고백하였다.

"내 속 곧 내 육신에 선한 것이 거하지 아니하는 줄을 아노니 원함은 내게 있으나 선을 행하는 것은 없노라 내가 원하는 바 선은 행하지 아니하고 도리어 원하지 아니하는 바 악을 행하는도다"(롬 7:18-19).

1단계는 모든 단계들의 기초가 된다. 자신이 무능력하고 자신을 통제할 수 없다는 것을 받아들이는 순간, 자신의 행동, 사고 그리고 감정들을 있는 그대로 보게 되고, 자신과 다른 사람들에게 한층 더 정직해질 필요성을 깨닫게 된다. 또한 자신의 무기력을 직면하고 인정함으로써 한계들을 정직하게 대하는 모험을 감수하기 시작한다.

1단계에서 인정해야 할 것은, 첫째로 어린 시절에 돌보아 주던 사람의 역기능적 행동의 영향에 대해서 내가 무기력하다는 것을 인정하는 것이다. 그로 인해서 낮은 자존감이 형성되었으며 성인이 된 지금은 강박적인 중독에서 벗어나지 못하고 있음을 인정해야 한다. 둘째는 현재의 자신의 삶은 변화시키지 않으면 통제할 수 없고 앞으로도 그럴 것이라고 인정하는 것이다. 셋째는 자신이 죄인이며 용서가 필요하다는 것을 인정하는 것이다.

모든 중독은 처음에 자기 자신이 원하면 언제든지 멈출 수 있다고 생각하는 데서부터 시작된다. 자신이 자신의 왕이라고 주장할 때 인간은 타락하고 중독이 되는 것이다. 죽음의 터널이 중독과 낮은 자존감에서 벗어나려면 자신의 나약함을 시인해야 하는 것이다. 그래야 다른 사람의 도움뿐만 아니라, 하나님의 도우심을 구하게 된다. 인간은 자신의 무력함을 깨달을 때 하나님을 인정하고 찾는다.

2단계와 3단계는 하나님께 자신의 삶과 영혼을 내어 맡기는 단계이다. 오직 하나님만 자신을 온전하고 정상적으로 회복시킬 수 있는 분이라는 것을 인식하는 것이다. 그래서 자신의 삶에 대한 의지와 통제권을 하나님께 돌려드리는 것이다.

우리가 단지 자신보다 더 커다란 능력을 믿고 신뢰하는 모험을 감행하기만 해도 도움이 가능하다는 것을 깨닫는 순간 2단계는 새로운 희망을 불어넣는다. 그래서 2단계를 희망의 단계라고 불린다. 낮은 자존감은 자신이 보다 커다란 능력의 소유자의 보살핌을 받거나 관심을 끌 만한 가치가 없거나 혹은 그럴 수 있다는 느낌을 갖게 만들었다.

알코올중독자 익명 모임에서는 교회에 부정적인 이미지를 가지고 있는 사람들에게는 하나님을 '더 위대한 능력(Higher Power)'이라는 용어를 사용한다. 이러한 용어는 그들 방식으로 하나님을 이해하도록 도와준다.

4단계는 자신과 삶을 정직하게 살필 수 있는 방법을 가르쳐 준다. 4단계는 언제나 해결되지 않은 감정, 원한, 우울증, 치유되지 않은 기억, 그리고 자기 가치 상실의 원인된 성격적 결함들을 노출시킨다. 이 단계를 성실하게 실행할 경우, 자신에 대한 새로운 자각이 시작될 것이다. 먼저 4단계의 도덕적 행위 목록 정리를 준비할 때, 자신의 성격의 특성을 살피고 자신의 단점과 장점들을 검토해야 한다.

자신이 지닌 문제들을 받아들이는 것은 자기 발견, 치유 그리고 회복과 관련된 삶이 변화하는 모험의 기초를 형성한다. 치유를 위해서는 자신을 있는 그대로 직면하고 사회적 학습의 일부로 계발한 무력한 행동을 드러내야 한다. 보통 사람들은 자신이 겪고 있는 문제를 부정하고자 한다. 부정은 그 사람이 앓고 있는 질병의 핵심 요소임에도 불구하고 사람들은 자신의 문제를 부정한다.

이 부정은 여러 형식으로 나타난다. 실제로 겪었음에도 불구하고 그렇지 않은 체하는 단순한 부정, 문제를 인정하지만 그 문제의 심각성을 인정하려고 하지 않는 축소하기, 문제의 근원이 다른 사람에게 있다고 주장하는 비난하기, 핑계대기, 일반적인 수준에서 문제를 다루지만 상황이나 처지의 개인적 또는 정서적인 문제의 원인을 파악하기를 회피하는 일반화하기, 둘러대기, 문제를 언급하면 화를 내거나 짜증을 부리며 공격하기 등이 있다.

도덕적 행위 목록 정리는 원한과 두려움의 연습에서 시작해서 일련의 성격 특징들을 검증하는 것으로 이어진다. 이 과정은 5단계를 스스로 준비할 수 있게 한다. 먼저 자신의 숨겨진 내면에 어떤 사람에게 원한을 품고 있지 않은가 살펴보아야 한다. 그 원한의 원인이 무엇인지도 생각해 보라. 그리고 그 원한이 당신이 생각하고, 느끼고 행동하는 방식에 어떻게 영향을 끼쳤는가를 생각해 보라. 예를 들어서 낮은 자존감을 형성하게 되었다든지, 사람들과 관계의 유지가 어렵다든지, 신체적으로 질병을 가지게 되었다든지 여러 가지 역기능 증상들이 있을 것이다.

원한의 문제를 다루었다면 이번에는 두려움의 문제를 다룰 때다. 당신은 어떤 것 혹은 어떤 사람을 두려워하는가? 그 두려움의 원인은 무엇인가? 그 두려움은 당신이 생각하고 느끼고, 행동하는 방식에 어떤 영향을 행사했는가? 그로 인해서 당신에게 어떤 성격적 특징이 나타나게 되었는가? 예를 들면 감정적 마비가 생겼다든지, 사람들에 인정받고자 애를 쓴다든지, 통제, 고립, 분노, 자신의 필요는 채우지 못하고 다른 사람들의 필요만 채워주는 돌보는 사람이 되었다든지, 버림받음에 대한 두려움이 생겼다든지, 권위자와의 갈등과 두려움, 낮은 자존감, 성욕 억제 등이다.

위와 같은 성격적 특징을 4단계에서는 치유 받고 정리해야 한다. 자신의 행동에 대한 자세한 사례들을 기록할 때, 누가, 언제, 어디서,

무엇을 포함시켜야 한다. 최대한의 기억력을 발휘하여 당신과 그 상황 속에서 관련된 모든 사람들의 이름을 제시하고, 이 행동이 발생한 날짜를 기록하고, 이 행동이 발생한 장소를 지적하고, 끝으로 당신의 감정이나 행동을 묘사하라.

4단계와 5단계는 단 한 번으로 끝나는 것이 아니다. 10단계에서 중독자는 계속적으로 자신에게 문제가 있을 때 도덕적 목록을 작성하고 '즉각적으로' 그것을 인정하도록 요청받는다.

5단계는 하나님, 자신, 다른 사람들에게 우리가 행한 잘못의 본질을 있는 그대로 인정하는 것이다. 다른 사람에게 자신의 잘못을 인정하는 것은 대단히 어려운 일이다. 왜냐하면 비웃음 당하거나 거절 당할지도 모르는 위험을 감수해야 하기 때문이다.

모든 사람들은 타인에게 상처를 받을 뿐만 아니라, 또한 상처를 준다. 그러므로 자신의 역기능적인 성격 목록뿐만 아니라, 남에게 상처를 준 것을 도덕적 관점에서 목록을 작성하여 자기 자신, 다른 사람들, 그리고 하나님께 인정해야 한다.

그러나 다른 사람들에게 고백을 할 경우에는 자기 의로 충만한 사람들에게 하면 안 된다. 그들은 바리새인들처럼 당신을 날카롭게 비난할 것이다. 당신 앞에서 당신을 비난하지는 않을지라도 그 고백으로 인해서 당신은 그들의 세계에서 왕따를 당할 수도 있다. 그러면 당신은 치유를 받지 못할 뿐만 아니라 오히려 더 큰 상처를 받고 상태가 더 악화될 수도 있다.

자신의 실수와 죄악을 고백할 경우에는 자신과 동일한 죄를 지어

본 사람이거나, 그런 죄악에서 벗어나고자 소망하는 상태이거나, 이미 벗어나서 치유 받고 다른 사람을 돕고자 하는 사람이면 가장 이상적일 것이다. 그래서 중독자 모임에서 자신을 오픈하는 것이 안전한 것이다. 그렇다고 하더라도 고백자는 수치심을 감수해야 할 것이며, 거절 받을지도 모른다는 위험을 감수해야 한다. 그러한 고통을 감수하면서 고백했을 때, 사람들이 당신을 비난하거나 정죄하지 않을 때 당신은 엄청난 기쁨과 해방감을 느낄 것이다.

5단계에서 자신의 잘못을 있는 그대로 인정하기만 하면 된다. 당신이 어떻게 잘못을 범하게 되었고, 또 어떻게 변하게 될 것인지에 대한 논의는 필요하지 않다. 이 단계는 상담이나 조언을 구하는 단계가 아니다. 그러므로 당신의 말을 들어주는 사람은 충고나 조언이 없이 인내하며 수용적인 사람이면 가장 적합하다. 또한 비밀을 지키는 사람이어야 한다. 5단계를 마친 다음에는 당신이 한 행동을 반성할 수 있는 묵상과 기도의 시간을 갖는 것이 좋다.

6단계는 중독에 빠지게 하는 성격적인 결함들을 인식하게 하며, 7단계는 자신의 결함들을 하나님께 겸손하게 제거해 주시도록 간청하는 것이다. 중독자들은 끊임없이 자신을 살펴보면서 자신에게 어떤 결함이 있는지 확인해야 한다. 숨겨진 분노, 쓴 뿌리, 두려움, 수치심, 적개심, 불안, 절제하기 힘든 성적 욕망 등등이 자신에게 있는지 점검하고, 자신의 후원자나 지원그룹에게서 피드백을 받아야 한다. 그러다 보면 사고와 삶에 변화가 오고 하나님을 더욱 의지하게 되는 성화의 과정이 시작된다.

8단계와 9단계에서는 자신이 과거에 상처를 준 사람들의 목록을 작성하고 그들에게 적절한 변상하도록 요청받는다. 그 변상이 상처를 받은 사람들에게 또 다른 상처가 된다면 대리보상이나 상징적인 보상을 한다. 이렇게 함으로써 자신들이 한 행동에 책임을 지며, 자신의 행동을 변화시킬 책임이 있음을 인정하는 것이다. 이 보상을 통하여 많은 중독자들이 해방감을 받는다.

8. 경계선을 확고히 설정하라.

경계선이란 한계를 말한다. 그것은 자신의 땅이 어디서 시작되고 끝나는지 규정짓고, 다른 사람들의 땅과 구별 짓기 위해 자신의 집 주위에 설치한 담과 같다. 역기능 가정에서 우리는 어린 시절에 자신의 개인적인 경계선이 자주 침범 당하곤 했다.

부모들이 쉽게 자녀들의 경계선을 침범하는 예는 다음과 같다. 목욕을 하고 있는데 문을 열고 들어오거나, 옷을 갈아입고 있을 때 들어오는 것, 부모가 허락을 받지 않고 자녀의 서랍이나 일기를 몰래 읽는 것 등등이다. 이런 것을 부모들은 자신들의 '권리'라고 생각을 하면 안 된다. 이런 것들은 명백한 경계선 침범이다. 어릴 때부터 경계선을 침범 당한 사람은 성인이 되어서도 적절한 경계선을 설정하는 것을 힘들어한다. 그래서 배우자나 다른 사람들이 함부로 대하거나 무리한 부탁을 해도 거절을 하지 못하고 그것 때문에 힘들어한다.

어떤 사람은 그것이 희생적인 기독적인 사랑이라고 칭송한다. 그러나 그것은 사랑의 행위와 다르다. 기독적인 희생적인 사랑은 희생을 해도 기쁨이 있다. 그리고 자원하는 마음이 있다. 진정한 사랑은 절제가 있으며 상대로 하여금 성숙하게 만든다. 그것이 진정한 사랑이다. 자신이 숙제를 할 수 있음에도 불구하고 그 숙제를 부탁하는 것은 악한 행위이다. 그리고 그 부탁을 들어주는 것은 어리석은 짓이며, 상대를 악한 사람으로 만드는 데 공헌을 하는 것이다. 그것은 사랑이 아니라 한심한 짓거리이며 범죄행위이다.

이제부터는 남이 당신에게 함부로 대하는 것을 그냥 내버려 두면 안 된다. 이제부터는 당신 힘으로 하기 벅차거나, 당신에게 손상을 주거나, 부탁을 하는 사람이 할 수 있거나, 그가 해야 할 일인데도 불구하고 부탁을 하면 단호하게 다음과 같이 거절을 해야 한다.

"미안하지만 안 되겠습니다."

배우자가 무례하게 대하면 부드러우면서도 단호하게 다음과 같이 말해야 한다.

"당신이 그런 식으로 말을 하고 행동을 하면 내가 너무 마음이 아픕니다. 그런 식으로 나를 대하지 않았으면 좋겠어요. 그래야 나도 당신을 존경할 수 있습니다."

9. 자기 분화(Self-differentiation)를 하라.

낮은 자존감을 가지고 있는 사람이 빠질 수 있는 또 다른 함정은 동반의존성이다. 이 또한 낮은 자존감에서 해방을 얻으려면 벗어나야 할 함정인 것이다. 잘못된 동반의존성에서 치유를 받으려면, 정서적으로 건강한 상태인 자기 분화를 해야 한다. 분화(分化 differentiation)란 가족 구성원이 자기 주변의 연대에 대한 압력으로부터 분리되어 자신의 인생의 목표와 가치를 정의 내릴 수 있는 능력을 의미한다.

하나님은 인간에게 자유의지와 함께 자기 분화의 능력을 주셨다.

정상적인 가정의 자녀들은 2세부터 자기 분화가 시작된다. 그래서 유년기를 지나 청소년에는 급속도로 가속된다.

2살짜리 아이가 "싫어!"라고 외치는 것은 반항을 하는 것이 아니라 자의식의 주장을 하는 것이다. 그런데 부모노릇이 서툰 사람들은 이런 아이의 반응을 이해하지 못하고 아이의 나쁜 버릇을 고쳐준다고 뺨을 때리며 "그럼, 못써!" 하며 야단을 친다. 이는 아이의 마음에 분노를 심는 행위이며, 아이의 자의식을 억누르는 것이고, 건전한 자기 분화를 깨트리는 원인이 된다.

아이의 "싫어"라고 표현한 것은 "나야"(I am)라는 자기 존재의 표현인 것이다. 아이는 "스스로 있는 자"(I AM)인 예수님의 형상으로 지음 받았기 때문에 그것에 부응하는 적절한 선언을 하고 있는 것이다. 정상적인 가정의 부모들은 아이의 이른 발달단계를 잘 이해한다. 그러나 역기능 가정의 부모들은 아이가 독립하는 것을 용납하지 못한다. 이렇게 자란 아이는 합리적으로 사고할 수 없으며, 타인을 통제하며 통제 당한다. 또한 건강한 경계선을 가지고 있지 못하며 자신의 정체감을 느끼지 못하기 때문에 다른 사람에게 이용당하거나 학대당하는 것을 당연시 여기게 된다.

그래서 이스라엘 민족은 오랜 세월동안 노예생활 때문에 자신들의 정체성을 잃어버리고, 자신들이 선택받은 선민이라는 사실도 잊어버리고 자신들을 '메뚜기'처럼 하찮게 생각하게 되었던 것이다. 그들은 구름기둥, 불기둥으로 하나님의 인도함을 받으면서도 자꾸만 뒤를 돌아보며 노예생활을 그리워하였던 것이다. 이런 현상은 자기 분화가 안 되어서 변화에 대한 두려움을 느꼈기 때문이다.

모세가 유대인들을 애굽(이집트)에서 데리고 나올 때 모두가 따라 나오지 않았다고 한다. 대니얼 고틀립이 쓴《마음에게 말걸기》에 보면 약 20%의 백성만이 모세를 따라 애굽을 탈출하였다고 한다. 80%는 그냥 노예생활에 머무른 것이다. 왜 그랬을까? 그 이유는 변화에 대한 두려움이 컸기 때문이다.

당신은 언제까지 노예생활에 안주하고 있으려고 하는가? 이제 당신의 발목을 붙들고 있는 쇠사슬을 끊고 담대히 애굽을 탈출하여 자기 분화를 선포하라.

다른 사람들이 "당신은 ~" 또는 "우리는 ~"과 같이 요구하는 말을 하더라도 "나는 ~"으로 시작되는 말을 하는 사람이 되라. 당신의 감정에 솔직히 "예"와 "아니오"를 분명히 말하라. 그래야 다른 사람들에게 지배받거나 조정당하지 않는다.

자기 분화된 사람은 다른 사람에게 지나치게 권력을 행사하지 않고, 자신의 생각과 감정이 분명하고 균형 잡힌 사람을 말한다. 그들은 생각과 감정을 구별할 수 있으며 감정에 끌려 다니지 않는다. 그들은 다른 사람에게 자신이 흡수되거나 버림받을까 봐 두려워하지 않고 자유롭게 상대방과 교류할 수 있다. 또한 그들은 의존적이지도 않고 독립적이지도 않고 조화를 이룬다. 그들은 상호의존적이리고 할 수 있다. 분명한 자아 정체감을 가지고 있는 사람들인 것이다. 많은 사람들이 탈진하는 이유는 바로 이런 자아 분화가 제대로 되어 있지 않기 때문이다. 자아 분화가 잘 된 사람의 특징은 다음과 같다.

* 목표를 추구하면서도 관계를 잘 유지한다.
* 상호의존적이다.

* 그리스도인으로서의 정체성(신분)을 이해한다.
* 건강한 경계선을 유지한다.
* 자신의 힘으로 스스로 설 수 있다.
* 비난 게임을 멈춘다.
* 다른 사람들의 말이나 행동에 부당하게 영향 받지 않는다.
* 죄책감이나 적개심으로부터 자유롭게 되었다.
* 필요하다면 "예", "아니오"라고 말할 수 있다.
* 비합리적인 사고를 처리할 수 있다.
* 생각과 느낌을 구분할 수 있다.
* 감정에 지배받지 않으면서도 감정을 있는 그대로 느낄 수 있다.
* 자신의 필요를 정확하게 알고 어떻게 채울지 안다.
* 진지함과 건강한 유머가 균형 잡혀 있다.
* 자신의 실제적이고 진정한 모습을 드러낸다.
* 비난 게임을 행하지 않는다.
* 핍박자, 희생자, 구출자의 역할을 떠맡지 않는다.
* 자아 분화가 잘 되지 않은 사람들에게 위협적으로 느껴진다.
* 필요 이상으로 남을 기쁘게 하려고 하지 않는다.
* 쌍방이 즐거워하지 않는 일에 대해서는 시간제한을 정한다.
* 필요할 때 적극적인 지지를 상대방에게 요청할 수 있다.

    당신이 이제부터 자기 분화가 잘 된 사람처럼 살아야 한다. 자기 분화 과정을 잘 이해하기 위해서 다음의 단계를 밟아라.

    첫째, 원가족과 현재 가족을 이해해야 한다.
    먼저 자신의 가족배경을 객관적으로 바라보는 것이 중요하다. 그것은 실제로 일어난 현실을 있는 그대로 바라보는 것을 의미한다. 대부분의 사람들은 그들의 어린 시절과 관련된 원가족 문제와 고통을 다루려 할 때, 크나큰 어려움을 느끼고 실제로 일어난 사실들을 부인한다.

그들은 "내 부모님은 그분들 나름대로는 온 힘을 다 하셨어.", "나는 많이 맞았지만 그건 나를 사랑하기 때문이야.", "나는 그래도 다른 사람들보다는 그렇게 심하게 당한 편은 아니야."와 같은 식으로 합리화한다.

객관적으로 정확하게 원가족과 현재가족을 바라보는 것을 두려워하지 마라. 그렇다고 "네 부모를 공경하라"는 계명을 어기는 것이 아니다. 우리는 부모님을 객관적, 현실적으로 이해하면서도 부모님을 존경하고 사랑할 수 있다. 원가족을 진단하는데 어려움을 느낀다면 다음과 같이 해 보는 것도 좋다.

먼저, 당신의 어린 시절 원가족의 성격에 대해 간단하게 묘사해 보라. 그 다음에 대화에 대한 규칙과 감정에 대한 규칙, 사랑과 애정 표현에 대한 규칙, 역할에 대한 규칙이 어떠했는가? 당신은 어린 시절 원가족에서 일반적으로 어떤 역할을 맡았는가? 예를 들면 자칭 전능자, 희생양, 어릿광대, 미아 또는 잊혀진 아이, 영웅, 반항아, 성자, 어린 왕자/공주. 이상의 예에서 당신의 역할이 어떤 것인지 이해하는 것이 중요하다.

그리고 당신이 받은 외상 목록을 적어보라. 외상이란 정신적으로 충격이 되는 상처를 말한다. 이 작업은 고통스러운 과정이지만 과거의 상처에서 벗어나려면 거쳐야 할 과정이다. 다음 도표와 같이 외상 목록을 그리고 적어보라. 당신이 기억할 수 있는 한 오래 전 과거에서부터 현재에 이르기까지 모든 주요 외상(상처)들을 간략하게 기록하라. 사소하게 보이는 사건도 기억이 나면 기록하라. 지금까지 기억이 난다는 것은 지금도 그 사건으로 인해 영향을 받고 있다는 것이기 때문이다. 외상 목록을 기록하다 보면 당시의 감정이 다시 일어날 수 있다. 이럴 때는 그 감정을 "예수님, 이 때 내가 많이 아팠어요."라고 말씀드려라.

외상(충격적 사건) 목록

나이	외상
6세	엄마를 떠나서 처음으로 유치원에 갔다. 거의 하루를 울면서 보냈다.
9세	받아쓰기를 못했다고 선생님이 벌을 주며 놀렸다.

둘째는 말하고, 느끼고, 신뢰하는 법을 배우고 실천해야 한다.

셋째는 적개심과 죄책감을 처리해야 한다.

적개심의 결과는 실로 엄청나다. 적개심은 우리에게 신체적, 심리적, 영적으로 충격을 준다. 수많은 질병들이 적개심으로 생긴다. 죄책감에는 하나님의 계명을 어겼을 때 생기는 참된 도덕적, 영적 죄책감과 단순히 특정 가족, 교회, 문화의 기준을 어겼을 때 생기는 거짓 죄책감이 있다.

죄책감 역시 자기 분화를 가로막는 걸림돌이다. 죄책감 목록을 기록해보라. 그리고 그 목록을 하나님 앞에 내보이면서 하나님께 죄를 고백하며 회개하라. 그래야 죄책감에서 해방될 수 있으며 흠 없는 상태를 유지할 수 있다. 요한일서 1장 9절은 다음과 같이 말씀하고 있다.

"만일 우리가 우리 죄를 자백하면 그는 미쁘시고 의로우사 우리 죄를 사하시며 우리를 모든 불의에서 깨끗하게 하실 것이요."

하나님께 회개한 후에 혹시 다른 사람에게 피해를 입힌 것이 있으면 그 사람에게 용서를 빌고 적절한 보상을 하라. 용서를 빌 때 대충 넘어가지 마라. 그러면 상대의 마음에 오히려 더 분노를 심을 수 있다.

넷째는 자기 정체성 확립과 자기 용납을 하여야 한다.
자기 분화는 크게 말해서 자신의 참된 정체감을 발견하는 것이다. 이제 당신은 거짓 선지자들의 모든 말을 버려야 한다. 성경에 반대되는 말은 모두 거짓 선지자들의 속임수의 말이다. 그 사람이 부모, 선생, 친구, 목사라고 하더라도 당신의 가치를 떨어뜨리는 말을 한 사람은 모두 거짓 선지자들이다. 다음의 〈10가지 진리〉와 〈자기 수용〉을 읽은 후에 깊이 묵상하고 그 말씀을 진리로 받아들였음을 고백한 후에 서명하라.

10가지 진리

이름: ....

1. 나는 하나님의 형상으로 창조되었다.(창 1:26, 28).

2. 나는 내 모습 이대로 하나님의 무조건적인 사랑을 받고 있다.
   (요 3:16, 롬 5:8).

3. 하나님은 이미 나를 용서하시고 받으셨다.
   (롬 15:7, 히 13:5, 10:17-18, 골 2:13).

4. 나는 예수님의 보혈로 구원함을 받았기 때문에 흠이 없는 사람이다.
   (벧전 1:8, 엡 1:4, 골 2:13).

5. 나는 이미 천국백성이며, 하나님 나라의 왕자요 공주다.
   (엡 2:5-6, 시 113:7-8, 벧전 2:9).

6. 나는 의롭게 되었고, 하나님의 거룩한 성도다(롬 5:1).

7. 나는 성결하게 되었다(히 10:10, 고전 1:2, 6:11).

8. 나는 믿음으로 완전해졌다(골 2:9-10).

9. 나는 예수님 이름으로 마귀를 정복할 권세가 있는 사람이다.
   (막 16:17-18)

10. 나는 아브라함의 복을 이을 복의 후손이다(갈 3:29).

※ 주님, 내가 위의 사실을 믿고 받아들입니다.

서명: .... 날짜 : ....

자기 수용

- 사람은 누구나 타락성과 존엄성을 둘 다 가지고 있다.
- 하나님은 내가 태어나기도 전에 나를 계획하셨다.
- 하나님은 내 속에 시작하신 일을 아직 다 끝내지 않으셨다.
- 외면적인 아름다움은 내면의 행복과 관계가 없다.
- 나를 향한 하나님의 계획은, 내가 예수님의 형상을 닮아가는 것이다.
- 사람은 모두 서로 다르며 독특하다.
- 바꿀 수 없는 것들은 받아들인다(외모, 부모, 인종, 성별, 국가 등).
- 자기비하, 자기혐오, 세속적인 비교는 하지 않는다.

　　하나님 내가 위의 것들을 받아들이고 감사드립니다.

이 름 : _____　　날 짜 : _____

자기 수용 확립하기

- 가능하거나 바람직하다면 결함을 교정한다.
- 질병의 치유를 위해 예수님이름으로 하나님께 기도한다.
- 바뀔 수 없는 결함에서 영광을 찾고, 그것에 새로운 의미를 부여하여, 내적인 성품을 개발하는 동기로 삼는다.
- 자신의 모든 것들에 대해 하나님께 감사한다.

다섯째, 비합리적인 사고체계를 바꾸어야 한다.

　　비합리적인 사고는 "나는 항상 잘해야 한다", "나는 친절하고 특별한 대우를 받아야 한다.", "모든 일들은 내가 원하는 방식대로 되어야 한다."라고 생각하는 것이다. 물론 당신이 항상 잘하고, 다른 사람들에게 특별한 대우를 받고, 모든 일들이 당신이 원하는 방향으로만 된다면 얼마나 좋겠는가? 그러나 이것은 잘못된 생각이다. 왜냐하면 당신은 사람이기 때문이다. 사람은 실수를 할 수 있기 때문에 항상 잘할 수 없는 것이다. 사람은 또한 개성이 틀리고, 성향이 다르고, 판단 기준이 다르기 때문에 당신을 좋아하는 사람도 있지만, 싫어하는 사람이 있을 수 있다. 그리고 모든 일은 당신 뜻대로 되는 것이 아니다. 세상은 예측하기 힘든 일들이 벌어진다. 그래서 당신이 원하지 않는 방향으로 일이 진행될 수도 있는 것이다. 그래서 우리들은 하나님을 의지하는 것이다. 그리고 때로는 남을 배려하기 위해서 양보도 할 줄 알아야 한다. 그래야 원만한 관계를 유지할 수 있는 것이다.

여섯째는 자기주장 훈련이 되어야 한다.

성경은 당신에게 "그렇다."하는 것은 "예"라고 말하고 "아니다." 하는 것은 "노"라고 말하라고 가르치고 있다(약 5:12). 그러므로 당신의 생각과 판단을 다른 사람의 생각과 판단에 맡기지 말고, 당신이 옳다고 생각하는 것은 옳다고 말하라. 그리고 당신이 아니다라고 생각이 드는 것은 아니다라고 말하라. 자기주장을 하지 못하고 생각이 없는 사람이 되면, 당신도 이스라엘 백성들처럼 예수님을 십자가에 못 박아 죽이라고 소리치는 어리석은 사람이 되는 것이다.

이스라엘 백성들은 예수님이 얼마나 선하시며 능력이 많으신지 알고 있었다. 왜냐하면 그들은 예수님의 능력을 보고 듣고 체험하였기 때문이다. 그런데도 불구하고 그들은 그들의 지도자인 제사장들과 바리새인들이 예수님은 거짓선지자이기 때문에 죽여야 한다고 말하자, 자신들의 생각이나 판단을 주장하지 못하고 그들의 생각과 판단에 동조하여 예수님을 십자가에 못 박아서 죽이라고 고래고래 소리 쳤던 것이다. 당신도 당신의 생각과 판단을 주장하지 못하면 이스라엘 백성들과 같이 되는 것이다.

이제부터는 다른 사람의 생각을 따르는 어리석음을 벗어버리고 자기주장이 확실한 사람이 되기를 결심하라. 자기주장은 단호하고 적절하게 자신의 감정, 의견을 표현하는 태도이다. 이것은 자연스럽게 생겨나는 것이 아니라 배우고 훈련해야 한다. 자기주장은 잘못된 자기생각을 고집부리는 것이 아니다. 자기주장은 사랑 안에서 진리를 말하는 것이다. 자기주장은 자신의 감정에 정직하면서도 다른 사람들이 나를 이용하도록 허용하지 않는 것을 뜻하는 것이다. 자기주장이 확실해야 건강한 경계선이 지켜진다.

10. 가정에 견고한 진을 형성한 마귀를 쫓으라.

죄와 악습은 유전된다. 특히 역기능 가정의 중독적인 증상은 자녀들에게 파괴적인 영향을 주며 강한 유전력(遺傳力)을 가지고 있다. 그러므로 죄와 악습을 유전시키는 마귀의 견고한 진을 파(破)하고 끊어야 한다.

요한일서 3장 8절은 예수님께서 이 세상에 오신 목적은 영혼만 구원하시는 것이 아니라, 마귀의 일을 멸하려고 오셨다고 증언하고 있다.

"하나님의 아들이 나타나신 것은 마귀의 일을 멸하려 하심이라."

예수님은 최초의 사역부터 귀신의 정체를 드러내고 귀신들을 꾸짖어 사람들에게서 쫓아내시는 사역을 하셨다. 주님은 사역하시는 3년 내내 귀신을 쫓아내시는 사역을 멈추지 않으셨다. 또한 예수님은 우리의 죄를 속량하시기 위하여 십자가의 죽음을 3일 눈앞에 둔 그때에도 다음과 같이 말씀하셨다.

"이르시되 너희는 가서 저 여우(헤롯)에게 이르되 오늘과 내일은 내가 귀신을 쫓아내며 병을 고치다가 제삼일에는 완전하여지리라 하라"(눅 13:32)

예수님은 마지막 최후의 순간까지 귀신을 쫓아내시는 사역을 멈추지 않으셨다. 예수님께서 그렇게 마귀를 대적하신 이유는, 귀신은 하나님의 자녀를 정신적, 심리적, 육체적으로 병들게 하고 가난하게 하고, 유린할 뿐만 아니라, 하나님과의 관계를 파괴시키고 하나님의 음성을 듣지 못하게 하기 때문이다. 그래서 예수님은 그의 제자들에게도 귀신을 축출하라고 명령하셨던 것이다.

"예수께서 이 열둘을 내보내시며 명하여 이르시되 … 병든 자를 고치며 죽은 자를 살리며 나병환자를 깨끗하게 하며 귀신을 쫓아내되 너희가 거저 받았으니 거저 주라"(마 10:5, 8).

당신도 예수님의 말씀에 순종하여 마귀를 대적하여야 한다. 특히 이 악한 원수 마귀는 당신에게 낮은 자존감을 형성하게 만드는 원인이 되는 악한 존재인 것이다. 이 악한 원수 마귀를 당신의 가정에서 쫓아내지 않으면 당신의 자녀에게도 똑같은 악한 짓을 하게 될 것이다. 그러므로 반드시 마귀를 쫓아내야 한다. 가정을 묶고 있는 원수 마귀의 끈을 끊는 방법은 다음과 같다.

첫째, 역기능적인 증상과 죄악들이 유전되고 세대에 걸쳐 반복되는 것을 인정하라.

하나님은 우리가 눈으로 보지도 못하고 귀로 듣지도 못하고 마음으로도 생각하지도 못했던 복을 예비해 놓으셨다고 하셨다(고전 2:9). 그런데 원수 마귀가 그 복들을 다 빼앗았다. 이제는 빼앗겼던 유산을 되찾아야 한다.

원수 마귀는 여러 가지 방법으로 당신의 복을 유린하였다. 마귀의 주요 전략 가운데 하나는 세대에 걸쳐 반복되는 문제와 묶임을 통해 한 사람만이 아니라 가족 전체를 대대로 유린하는 것이다. 그 마귀는 먼저 우리의 생각과 마음에 견고한 진을 쳐서 공격한다.

고린도후서 10장 4절에 나오는 '견고한 진'은 헬라어로 〈오추로스〉인데 이 단어는 '굳게 세운 장소'를 뜻한다. 마귀는 학대, 각종 중독, 정서적인 문제와 육체적인 질병으로 당신의 가정에 견고한 진을 형성할 수 있다. 그래서 세대에 걸쳐서 저주가 유전되게 하는 것이다.

우리는 조상들로부터 외모를 물려받듯이 영적으로도 복과 저주를 이어받는다. 민수기 14장 18절은 다음과 같이 말하고 있다.

"여호와는 노하기를 더디하시고 인자가 많아 죄악과 허물을 사하시나 형벌 받을 자는 결단코 사하지 아니하시고 아버지의 죄악을 자식에게 갚아

삼사대까지 이르게 하리라 하셨나이다."

죄악을 저지른 사람이 깨닫든 깨닫지 못하든 그 사람의 행위는 마귀가 들어와 활동하고 삶을 왜곡시키며 파괴하도록 문을 여는 구실을 한다. 이런 마귀의 능력은 예수님의 이름으로 끊지 않으면 자손 3~4대까지 이어지게 된다.

둘째, 자신의 죄와 조상들의 죄를 회개해야 한다.

유전되는 죄악을 끊는 다음 방법은, 조상들의 죄를 당신이 회개하는 것이다. 아무리 악한 마귀라고 해도 근거 없이 당신의 가정을 공격할 수 없다. 잠언 26장 2절에 "까닭 없는 저주는 참새가 떠도는 것과 제비가 날아가는 것 같이 이루어지지 아니하느니라"고 하셨듯이 까닭 없이 원수 마귀가 당신을 유린하는 것이 아니다. 그런 저주는 당신이 죄를 지어서 온 것이 아니라면, 당신의 조상들이 죄를 지었기 때문에 온 것이다. 마귀는 그 죄를 타고 들어와서 당신 가정을 유린하였던 것이다.

마귀의 공격을 차단하는 방법은 죄를 해결하는 것이다. 그러기 위해서 당신이 조상들의 죄를 회개하여야 하는 것이다. 성령님께 기도하면서 당신의 조상들이 지은 죄와 집안에 유전되는 저주들을 알 수 있도록 도와달라고 기도하라. 그런 후에 성령님께서 어떤 특정한 죄악을 밝혀주시면 예수님 이름으로 용서를 구하라.

다니엘은 이스라엘이 약속의 땅으로 돌아오지 못하도록 막고 있는 조상들의 죄를 보고는 조상들의 죄를 용서해 달라고 하나님께 회개하며 간구하였다(단 9:1-6). 그러자 묶임이 끊어지고 이스라엘은 자유를 얻었다. 느헤미야도 조상들의 죄를 회개했다(느 1:6-7, 9:1-2). 그러자 하나님은 느헤미야와 백성들에게 지혜와 능력을 주셔서, 여러 가지 환란과 역경을 이기고 성벽을 완성하여 봉헌하게 도와주셨다.

당신도 다니엘과 느헤미야처럼 조상들의 죄를 회개하여야 한다. 그래야 축복을 가로막는 마귀를 당신의 집안에서 쫓아낼 수 있다. 당신이 알고 있는 집안의 모든 죄악을 하나하나 나열하면서 하나님께 기도하며 용서를 구하라. 그리고 당신이 하나님께 개인적으로 지은 죄도 회개하고 용서를 구하라. 그러면 마귀가 당신과 당신의 가정을 공격하는 근거가 없어져서 힘이 약해지는 것이다.

셋째, 마귀의 저주를 끊고 떠나라고 명령하라.

당신의 개인적인 죄와 조상들의 죄악을 회개하였다면 이번에는 마귀에게 떠나라고 명령을 하여야 한다. 당신이 죄를 회개하였기 때문에 마귀는 당신과 당신의 가정을 유린할 법적인 근거를 상실했다. 그러므로 마귀는 당신과 당신의 가정에 불법으로 침입해 거주하는 것이 된다. 그러므로 원수 마귀에게 예수님 이름으로 명령을 하라. 마귀는 예수님 이름 앞에서 복종할 수밖에 없다. 왜냐하면 당신의 저주를 해결하시기 위해서 예수님이 대신 저주를 받으셨기 때문이나. 갈라디아서 3장 13절이 이를 증언하고 있다.

"그리스도께서 우리를 위하여 저주를 받은 바 되사 율법의 저주에서 우리를 속량하셨으니."

당신은 이제 원수 마귀에게 명령을 할 수 있는 권세를 얻었다. 누가복음 10장 19절은 다음과 같이 말씀하고 있다.

"내가 너희에게 뱀과 전갈을 밟으며 원수의 모든 능력을 제어할 권능을 주었으니 너희를 해칠 자가 결코 없으리라."

이제 이 말씀에 근거하여 담대하고 단호하게 마귀에게 명령하라. 다음의 '저주를 끊는 기도문'을 사용하여 마귀를 대적할 수 있다.

저주를 끊는 기도문

◆하나님 아버지! 저주를 초래하게 된 제 스스로와 저의 조상들의 모든 죄악들을 회개합니다. 모든 불순종, 반항, 성도착, 마술, 우상, 호색, 간음, 사음, 타인을 학대, 살인, 기만, 거짓말, 악령에 의한 마법, 점과 점성술에 가담한 것을 회개하며 주 예수 그리스도의 이름으로 용서와 죄 씻음을 구합니다.

◆나는 예수님의 이름으로 권세를 써서 나의 가족 위에 내린 모든 저주를 끊노라. 가난, 궁핍, 부채, 파멸, 질병, 자살, 사망, 방랑벽의 모든 저주를 끊노라! 배척, 자만심, 반항심, 정신적 타락, 근친상간, 호색, 강간, 아합, 이세벨, 두려움, 정신이상, 광기, 혼란의 저주를 끊노라!

◆나의 경제 상태, 정신 상태, 성적 상태, 감정과 의지, 대인관계에 영향을 주는 저주를 끊노라! 나는 내 일생에 임한 모든 마술, 불운, 요술과 입으로 불러들인 저주를 끊노라!

◆나는 저주의 결과인 모든 족쇄, 수갑, 놋문과 쇠빗장, 고리와 노끈, 습관과

순환주기를 끊노라! "그리스도께서 우리를 위하여 저주를 받은 바 되사 율법의 저주에서 우리를 속량하셨다"(갈 3:13)는 성경말씀에 의지하여, 나는 저주에서 속량되었음을 선포하노라!

◆나는 예수의 이름으로 믿음을 실천하며 나와 나의 자손들을 모든 저주에서 풀어놓아 주노라! 나는 예수님의 거룩한 피로 말미암아 조상들의 죄로 인한 저주에서 용서를 받았다. 나의 모든 죄는 사함을 받았다. 그러므로 나는 하나님의 말씀에 대한 불순종과 반항의 결과로 내린 저주에서 내 자신을 풀어 주노라!

◆나는 믿음을 실천하며 또 입으로 시인하여 구원에 이름을 알고 있다. 그러므로 나는 아브라함의 복이 나의 것임을 시인한다(갈 3:29).

◆나는 저주 아래 있지 않고 복을 받았다. 나는 꼬리가 아니고 머리다. 나는 밑에 있지 않고 위에 있다. 나는 들어와도 복을 받고 나가도 복을 받는다. 나는 이미 복을 받았기 때문에 저주를 받을 수 없다. 그러므로 배척의 영, 정신적 상처의 영, 분노의 영, 두려움의 영, 호색의 영, 성도착의 영, 생각 조종의 영, 마술, 가난, 궁핍, 부채, 환란, 이중성격의 병, 연약함, 통증, 이혼, 이별, 이간질, 불화, 우울증, 비관 고독, 방랑벽, 학대와 저주의 영은 예수의 이름으로 명하노니 나갈지어다!

◆주님! 저주로 인하여 저의 생애에 영향을 주었던 모든 악령에서 자유케 해 주심을 감사드립니다. 예수님의 이름으로 기도 드립니다. 아멘.

위의 기도를 프린트해서 눈에 잘 보이는 곳에 붙여두고 시간이 날 때마다 선포하라. 그리고 집도 정화하는 작업을 하여야 한다. 마귀는 사람의 생각과 육체만 유린하는 것이 아니라, 어떤 장소에도 진을 치고 거주할 수 있다. 그러므로 당신이 거주하고 있는 집도 정화하여야 하는 것이다. 당신의 집에서 다음과 같이 기도하며 선포하라.

> "주 예수 그리스도의 이름으로 명한다. 나는 하나님의 성령을 대적하는 모든 영들을 제압할 수 있는 권세가 있다. 예수 그리스도의 권세 때문에 너희 악한 영들은 이곳에서 떠나야 한다. 너는 예수 그리스도에게 굴복해야 하며, 너는 우리 식구 누구도 해할 수 없다. 결코 누구도, 그 무엇도 해할 수 없다. 주 예수 그리스도께서 내게 주신 권세로써 명하노니 지금 나의 집에서 영원히 떠나라!"

마귀에게 떠나라고 명령하였다면 이제는 예수님 안에서 자유함을 누리는 것이다. 그리고 자녀들에게 자유를 선포하고 그들을 축복하라.

당신의 가정에 하나님을 주인으로 모시고, '천 대에 이르는 복'을 심으라. 신명기 28장 1-14절에 나오는 복을 당신 자신과 자녀들의 삶에 선포하라.

11. 심령을 성령님의 능력으로 채우고 말씀으로 자신을 축복하라.

믿음을 갖는다는 것은 거의 대부분 의지의 문제이며 의지로 행하는 결단이다. 신자들의 삶은 "이해하기 때문에 믿는다."가 아니라 "내가 믿기 때문에 이해한다."는 것을 실천하며 사는 사람들인 것이다. 그러므로 내적 치유를 위한 기도는 다음과 같이 끝내는 것이 좋다.

> "예수님, 저는 주님이 나의 상처를 치유하시도록 결정했으며, 치유 받았음을 선포합니다. 이제 옛날의 상처가 나의 자아상이나, 감정이나 태도, 행동에 부정적인 영향을 미치지 못할 것입니다. 나를 용납해 주시고 치유해 주신 주님께 감사드립니다. 그리고 성령님, 나의 상처가 있었던 곳에 성령님의 기름 부으심과 충만함으로 채워주십시오. 예수님 이름으로 기도드립니다. 아멘."

마음의 상처를 다 치유 받고 마지막 감사의 기도를 드릴 때, 많은 사람들이 성령님의 임재를 다양하게 느낀다. 보통 마음에 표현할 수 없는 기쁨과 평화가 느껴진다. 어떤 사람은 마음에 억눌림이 사라지고 편안한 마음이 드는 분도 있고, 몸에 강한 전류가 흐르는 듯한 체험을 하거나, 몸이 공중에 부상되는 것 같은 기분을 느끼는 사람도 있다.

그 외에 바람을 느끼거나 몸이 뜨거워지는 증상을 느끼기도 한다. 간혹 어떤 사람은 술 취한 것 같은 경우도 있고, 어떤 분은 어지러움을 호소하기도 한다. 이 모든 증상들이 성령님께서 내주하시면서 성령님의 능력과 기름 부으심을 주었기 때문에 일어나는 증상이다. 이제 당신은 치유함을 받았다. 마귀가 다시는 당신을 공격하지 못하도록 늘 성령님을 의지하는 버릇을 들여야 한다.

마귀는 할 수만 있으면 당신을 옛날 모습, 옛날 사고방식으로 되돌려놓으려고 수단방법을 다 쓸 것이다. 그럴 때마다 성령님을 의지하고 하나님의 사랑을 의심하지 말라. 하나님의 사랑이 의심들 때마다 로마서 8장 35-39절을 크게 읽어라. 읽으면서 '우리들'이나 '우리'라는 단어를 자신의 이름으로 바꾸어서 읽어라.

> "누가 우리를(종천이를) 그리스도의 사랑에서 끊으리요 환난이나 곤고나 박해나 기근이나 적신이나 위험이나 칼이랴 기록된 바 우리가(종천이가) 종일 주를 위하여 죽임을 당하게 되며 도살당할 양 같이 여김을 받았나이다 함과 같으니라 그러나 이 모든 일에 우리를(종천이를) 사랑하시는 이로 말미암아 우리가(종천이가) 넉넉히 이기느니라 내가 확신하노니 사망이나 생명이나 천사들이나 권세자들이나 현재 일이나 장래 일이나 능력이나 높음이나 깊음이나 다른 어떤 피조물이라도 우리를(종천이를) 우리(종천이) 주 그리스도 예수 안에 있는 하나님의 사랑에서 끊을 수 없으리라."

당신은 이제 그 무엇도 두려워할 필요가 없다. 그 누구도, 그 어떤 상황도, 당신을 하나님의 사랑에서 끊을 수 없다. 이제 당신은 자유인이며 선택받은 사람이며 왕이다. 그러므로 당신 자신을 마음껏 축복하라. 당신은 당신 자신을 축복하는 것을 어색하게 생각할 수 있다. 그 이유는 당신이 성장할 때 부모로부터 한 번도 축복을 받지 못했기 때문일 것이다. 사람들은 성장하면서 부모로부터 다음과 같은 축복을 받아야 한다.

"너는 아주 소중한 아이야. 아주 특별하지. 너는 우리들에게 그리고 이 세상에 없어서는 안 되는 귀한 존재란다. 너는 네가 원하는 그 어떤 것도 할 수 있고 될 수 있단다."

당신이 부모로부터 이런 축복을 받지 못했다고 복이 당신에게서 영영 떠난 것은 아니다. 당신은 이미 하나님께 복을 받았다. 다음의 말씀을 읽어보라.

> "찬송하리로다 하나님 곧 우리 주 예수 그리스도의 아버지께서 그리스도 안에서 하늘에 속한 모든 신령한 복을 우리에게 복을 주시되"(엡 1:3).
>
> "내가 너로 큰 민족을 이루고 네게 복을 주어 네 이름을 창대하게 하리니 너는 복이 될지라 너를 축복하는 자에게는 내가 복을 내리고 너를 저주하는 자에게는 내가 저주하리니 땅의 모든 족속이 너로 말미암아 복을 얻을 것이라 하신지라"(창 12:2-3).

하나님의 이 복은 아브라함에게만 제한된 것이 아니다. 이 복은 하나님이 택하신 모든 백성들에게 적용되는 말씀이다. 그러므로 이 말씀은 당신을 축복하는 것이다. 그리고 당신은 말씀을 근거로 하여서 당신 스스로를 축복할 수 있다.

당신은 이 책의 모든 과정을 공부하면서, 부모의 축복을 바라는 어린아이가 아닌 부모님을 용서하고 축복할 만큼 성숙했다. 편한 마음으로 당신 자신을 축복하라.

자신을 축복할 때 다음의 성경구절을 사용하면 효과적이다. 시편 23편, 민수기 6장 24-26절, 시편 103편 3-5절 등과 같은 말씀을 인용하면 도움이 될 것이다. 이때에도 '너', '네가'라는 말에 자신의 이름으로 넣어서 기도하면 더 효과적이다. 한번 민수기 6장 24-26절을 인용하여 자신을 축복해 보자.

> "여호와는 ○○○에게 복을 주시고 ○○○를 지키시기를 원하며
> 여호와는 그의 얼굴을 ○○○에게 비추사 은혜 베푸시기를 원하며
> 여호와는 그 얼굴을 ○○○에게로 향하여 드사 평강 주시기를 원하노라"

4장_낮은 자존감의 치유단계

이렇게 성경말씀을 인용하여 자신을 축복하든지, 아니면 자기 자신이 자신에게 맞는 기도를 만들어서 축복해도 좋다. 당신은 마땅히 축복을 받아야 할 사람이다. 하나님께서 예비하신 꿈과 같은 복을 다 누리기를 축복한다.

정말 세상에는 낮은 자존감뿐만 아니라, 부부의 갈등, 마음의 상처, 육체의 질병 등으로 힘들어 하는 사람들이 너무나 많다. 나는 이런 분들을 전문적으로 치유하는 '전인치유센터'를 세우는 것이 나의 비전이다. 상처를 치유 받아야 할 사람들 중에는 돈도 없어서 이중 삼중으로 고생하는 분들이 많다.

나의 비전은 그런 사람들도 돈의 부담이 없이 편안하게 4~5일 정도 치유센터에 머물면서 상처를 온전히 치유를 받고, 하나님의 형상을 회복하는 것을 보는 것이다. 혹시 당신이 좋은 곳에 후원하기를 원하시거나, 기부를 원하시면 (010) 6229-0591, chun0591@paran.com으로 연락을 부탁드린다. 하나님께서 참으로 기뻐하실 것이다.

이제 나도 나이가 50세가 넘다보니 잔소리가 느는 것 같다. 마지막으로 한 번 부탁을 드린다. 이 책을 읽은 사람 중에 어떤 분은 성령님의 도우심으로 내적 치유를 경험하였을 것이다. 그러나 어떤 분은 좀 더 세밀한 도움을 필요로 할 것이다. 그런 분들은 임 목사가 하루 빨리 〈치유센터〉를 건립하도록 기도하기를 부탁드린다.

그리고 치유를 받았다고 생각하는 분들도, 내적 치유를 받았다고 모든 문제가 하루아침에 해결이 되고, 사람이 180도 변하는 것이 아님을 명심하라. 당신은 이제 스스로 새 사람이 되려고 노력하는 용기와 인내의 시간을 견뎌야 한다.

낡은 버릇과 습관을 버리고 주님을 닮아가는 삶의 방법들을 습득해나가고, 예전의 자기를 버리고 새로운 자기를 만들어가는 노력을 몸에 밸 때까지 반복해야 한다. 이런 훈습의 과정을 잘 거치면 당신은 하나님의 형상인 왕의 모습을 회복할 것이다. 정말 멋진 성도, 멋진 남편, 멋진 아내, 훌륭한 부모가 될 것이다. 변화된 당신을 환영하며 주님의 이름으로 축복한다. 할렐루야!

* 참고문헌

키이스 밀러, 「내면세계의 비밀」(생명의 말씀사)
버지니아 새티어, 「사람만들기」(홍익재)
팀 슬레지, 「가족치유 마음치유」(요단)
그랜트 마틴, 「좋은 것도 중독이 될 수 있다」(생명의 말씀사)
로빈 노우드, 「사랑이 지나치면 상처도 깊다」(문학사상사)
브루스 리치필드 「하나님께 바로서기」(예수전도단)
알프레드 엘스 외, 「사랑에도 함정이 있다」(프리셉트)
토마스 위트만 외, 「사랑에도 거리가 있어야 합니다」(기독교문사)
프랭크 미너스 외, 「사랑은 선택」(열린 책들)
브루스 리치필드, 「기독교 상담과 가족치료」(예수전도단)
아치볼트 하트, 「남자의 성, 그 감추어진 이야기」(홍성사)
팀 라헤이, 「목회자가 타락하면」(생명의 말씀사)
패트릭 민즈, 「남자들의 은밀한 전쟁」(요단)
로날드 앤 로드, 「교회에서 상처받은 사람들」(두란노)
임종천, 「부부 치유학」(행복우물 출판사)
임종천, 「자기 양육」(바울 출판사)
임종천, 「하나님 음성 확실히 듣는 법」(가이드포스트 출판사)
임종천, 「하나님 마음이 아파요」(크리스천리더 출판사)
임종천, 「하나님 마음에 합한 부자 되는 법」(베드로서원)
김연, 「우울증의 귀인모형에 관한 연구」(고려대 심리학과)
김현성·조성의, 「매력 남녀」(베드로서원)
강경호, 「역기능 가정의 성인아이와 상담」(한사랑가족연구소)
원호택, 「이상심리학」(법문사)
이성훈, 「내적치유」(예영)
정태기, 「내면세계의 치유」(규장)
추부길, 「가정 클리닉」(예향 출판사)

찰스 셀,「아직도 아물지 않은 마음의 상처」(두란노)
로저 힐러스트롬,「성장한 아이에서 성숙한 어른 되기」(예수전도단)
마이크 프린 & 더그 그레그,「내적치유와 영적성숙」(IVP)
대니얼 고틀립,「마음에게 말걸기」(문학동네)
이장호,「상담심리학 입문」(박영사)
박윤수,「치유상담의 이론과 실제」(경성기획)
양유성,「이야기 치료」(학지사)
맥스웰 휘트,「귀신의 세력을 쫓아내는 능력」(나침반)
Friends in Recovery,「성인아이 치유를 위한 12단계」(도서출판 글샘)
Frenk and Chatherine Fabiano,「기억 상자 속의 나」(예수전도단)

Appleby, Drew. *The Handbook of Psychology*.
L'Abate, Luciano. *Family Psychopathology*.
John Bradshaw, *Healing the Shame That Binds Tou*.
Marilyn Mason and Merle Fossum, *Facing Shame*.
Sandra Wilson, *Released from Shame*.
Craig Nakken, *The Addictive Personality*.
Gerald May, *Addiction and Grace*.
Marie Fortune, *Is Nothing Sarcred?*
Peter Rutter, *Sex in the Forbidden Zone*.
Leo Booth, *Breaking the Chain*.
Jack Felton and Steve Arteburn, *Toxic Faith*.
Anne Wilson Schaef, *The Addictive Organzation*.
Mark Laaser and Nancy Hopkins, eds., *Restoring the Soul of Church*.
Bond, Tim. *Standards and Ethics for Counselling in Action*.
Collins, Gary. *Christian Counselling*.
Meier, Paul et al. *Introduction to Psychology and Counselling*.
Moate, M and Enoch, D. `

상처받은 자존감의 치유

초판1쇄 발행 2011.10.30

지은이　임종천
펴낸이　방주석
책임편집　설규식
영업책임　유영채
디자인　전찬우

펴낸곳　도서출판 소망
주소　서울특별시 종로구 연지동 136-56 기독교연합회관 1309호
전화　02-392-4232 　|　 팩스　02-392-4231
이메일　somangsa77@hanmail.net
홈페이지　www.peterhouse.co.kr

출판등록　1977년 5월 11일(제11-17호)
ISBN　978-89-7510-078-9 03230
책값　뒤표지에 있습니다

ⓒ이 출판물은 저작권법에 의해 보호를 받는 저작물이므로
　무단전재와 복제를 할 수 없습니다.

도서출판 소망은 기독교문화 창달을 위해 좋은 책 만들기에 힘쓰고 있습니다.

오직 성령이 너희에게 임하시면 너희가 권능을 받고
예루살렘과 온 유대와 사마리아와 땅끝까지 이르러 내 증인이 되리라 (행 1:8)